Deloitte. トーマツ.

Q&A
業種別会計実務 ⟨12⟩
保険 第**2**版

有限責任監査法人
トーマツ【著】

Insurance

中央経済社

第2版 はじめに

　有限責任監査法人トーマツは，クライアントサービス充実の観点からインダストリー別の活動の重要性をいち早く認識してきました。特に金融については，他のインダストリーに先駆け，金融関連に特化した組織である金融インダストリーグループを1996年に組成し，保険業を含む金融業の知見を蓄積してきました。今般，当法人においてインダストリー別の書籍を出版するにあたり，保険業の会計にかかる知見を集約し発表する絶好の機会ととらえ，保険業についても１つの独立したジャンルとして取り上げることにしました。

　保険には大きく分けて生命保険と損害保険があり，組織形態に着目すると株式会社や相互会社のほか，少額短期保険や共済といった制度があります。また，契約者保護の観点から保険業法をはじめとする多くの規制が存在し，会計に対しても当該規制が色濃く反映されています。このため，保険業会計には多種多様な業態に共通する処理方法と，特有の会計処理方法が混在しているのが実情です。

　本書は，保険業に特有の，主に会計上の論点についてQ&Aの形式で取り上げています。保険会社等においても一般事業会社や銀行等と共通する勘定科目や論点が存在しますが，それらは本シリーズの他の書籍にまかせることとし，本書においては，保険業独自の制度や理論，会計慣行等にフォーカスして解説を行っています。また，執筆にあたっては内外の事例や図解を豊富に取り入れて説明に具体性をもたせるとともに，国際財務報告基準（IFRS）や法人税法，その他保険会社特有の指標等についても言及し，保険業の会計の特色が浮き彫りになるよう心がけました。

　以上をふまえて，本書は５章に分けて記述しています。第１章では総論として，保険そのものの特徴や各組織形態や保険にかかる基本的な要素，ならびに

保険業界の動向に触れ，保険および保険業の全体像を概説しています。第2章では，一般事業会社や銀行と比較しても大きな特徴を有する保険業の会計について，主に保険業法による規制を軸にして解説しています。これらを受けて第3章で，保険業特有の会計基準等や会計処理について広範に記述しています。特に保険業特有の負債である責任準備金と支払備金に関しては，ケースを分け紙幅を割いて説明しています。第4章では，財務会計そのものではないものの，これと密接に関係があり保険会社等にとって最も重要な指標であるソルベンシー・マージン比率や，将来大きな影響が予想されるIFRSの動向および概要について説明しています。さらに第5章では，これも保険業独特の要素を含む財務ないしその他の分析の手法等について説明しています。

　本書は，Q&A業種別会計実務シリーズの他の書籍と足並みをそろえ，主に保険業の会計実務に初めて携わる方を想定し，全般的かつ平易に記述しています。他方，保険業の会計にすでに携わっている方に対しても，ベーシックなポイントについて容易に確認できるよう配慮しました。

　なお，新型コロナウイルス感染症の拡大，その収束時期およびその後の経済情勢は，保険会社等の保険収支や投資ポートフォリオ，今後の事業計画等に影響を与える可能性があり，会計の観点からも留意が必要になります。

　本書の執筆は，別途掲載している有限責任監査法人トーマツの金融部門における公認会計士やアクチュアリー等，保険会社等の会計監査やコンサルティング業務に精通した専門家が共同で担当しました。本書が保険会社等の経理・財務の担当者や公認会計士ならびに税理士等の専門家，財務諸表の利用者であるアナリスト等，広く保険会社等の財務諸表の作成や利用に携わる方々のお役に立てればまことに幸いです。

　2020年8月

有限責任監査法人トーマツ

監査・保証事業本部

金融事業部長　嶋田　篤行

監修者　大竹　新

目　次

第4章 保険業に特有の個別論点

第5章 財務諸表の分析

本書で使用する主な略称

法令・会計基準等の略称	略　称
財務諸表等の用語，様式及び作成方法に関する規則	財規
会社法	会
法人税法	法法
法人税法施行令	法令
法人税基本通達	法基通
連結財務諸表の用語，様式及び作成方法に関する規則	連結財規
保険業法	業法
保険業法施行規則	業規
保険会社向けの総合的な監督指針	監督指針
固定資産の減損に係る会計基準の適用指針	減損適用指針

第1章

保険業とは

本章では，保険業の概要を説明するため，保険契約，会社形態，再保険，保険計理人，少額短期保険および保険類似業種の共済について概説するとともに，保険業界の動向について言及しています。保険業にかかる会計基準，会計処理および財務諸表等を理解するための前提として，本章で保険業の全体像を理解することができます。

Q1-1　保険契約とは何か

保険契約とはどのようなものか教えてください。

Answer Point ☝ ⋯⋯⋯⋯⋯⋯

- 保険契約は，広い意味では，当事者の一方が一定の事由が生じたことを条件として財産上の給付を行うことを約し，相手方がこれに対して当該一定の事由の発生の可能性に応じたものとして保険料を支払うことを約する契約です。
- 生命保険および損害保険は取り扱う保険分野が異なります。
- 保険契約と類似する金融保証契約およびデリバティブとの違いを確認することは保険契約を理解する上では有用です。

解　説

(1) 保険契約の趣旨，定義

　私たちは，交通事故や住居の火災，あるいは生計の担い手の死亡等といった，生活を脅かす可能性のある危険と隣り合わせで暮らしています。これらの困難な事態に対してあらかじめ備えておく方法の1つとして，「保険」があります。保険契約を締結していれば，交通事故の損害賠償金や火災による住居の建替代金等を支払うことができ，生計の担い手が亡くなった場合でも遺族は生活を維持することができます。

　困難への備えを個々人が独自に行うことは大変ですが，同じような困難に直面する可能性のある人々が集まり損失を大勢で分担すれば，1人当たりの負担は小さくなります。そのため，困難に対処するための共通の準備財産を形成し，事故等が発生した時にはこの共通の準備財産から補償が支払われることにより，事故等にかかるコストをまかなうことができます。この仕組を達成す

るべく，多数の保険契約者が保険料を保険会社に対して支払い，事故等発生の
場合に保険会社が一定の保険金を支払うというのが保険契約および保険制度の
骨子です。

　このように，保険契約はリスクに対しての備えであり，一般に図表1-1-1
に掲げた特徴があります。

図表1-1-1　保険契約の特徴

①大数の法則	試行回数を重ねると，各事象の起こる確率が，各事象の出現回数によってとらえられるという法則を応用して保険制度は成立しています。
②収支相等の原則	収受する保険料の総額と支払うべき保険金の総額が等しくなるように保険事業は運営されます。
③公平の原則	事故が発生する確率が高くなれば保険料は高くなり，確率が低ければ保険料も安くなります。

　法律上保険契約は，当事者の一方が一定の事由が生じたことを条件として財
産上の給付を行うことを約し，相手方がこれに対して当該一定の事由の発生の
可能性に応じたものとして保険料を支払うことを約する契約と定義されていま
す（保険法第2条第1号）。

（2）生命保険および損害保険について

　また，保険は生命保険，損害保険および第三分野の保険に分けられます。人
の生存または死亡に関して保険金を支払うのが生命保険，偶然の事故による損
害をてん補するのが損害保険であり，それぞれ生命保険会社および損害保険会
社が取り扱います。これらの中間に位置する傷害保険や医療保険を「第三分野」
と呼び，生命保険会社と損害保険会社双方が取り扱うことができます。

　生命保険と損害保険の主な特徴は，図表1-1-2のとおりです。

図表1-1-2　生命保険と損害保険の主な特徴

	生命保険	損害保険
対象	人	人，物，利益等
損害	人の生存および死亡	偶然の事故による損害

	生命保険	損害保険
期間	（主に）長期	（主に）短期
会社形態	相互会社および株式会社	株式会社
募集チャネル	営業職員中心	代理店中心
保険料の形態	積立型が多い	掛捨てが多い
主な保険金の形態	定額給付	実損てん補

（3）保険と金融保証契約，デリバティブとの違い

　保険契約と類似の制度はいくつかありますが，ここでは債務保証契約とオプション契約を取り上げます。

　債務保証契約は，債務者と保証人の間での契約により，債務者の債務不履行等による債権者の損害を保全する制度ですが，多数の経済主体が共同するとは限らないことや，有償とは限らない点で保険契約とは異なります。

　また，デリバティブの1つであるオプションは，一定の商品等を一定期間内に所定の価格で相手から購入ないし相手に売却する権利であり，たとえば天候デリバティブのように，損害に備えるために用いることができます。オプションの場合，損害の発生原因が特定されず，事前に決められた条件が満たされれば支払が発生する点で保険契約とは異なります。

　現在，日本における会計基準上，保険契約に関する定義はありませんが，国際財務報告基準（IFRS）ではIFRS第17号「保険契約」において，「一方の当事者（発行者）が，他方の当事者（保険契約者）から，所定の不確実な将来事象（保険事故）が保険契約者に不利な影響を与えた場合に保険契約者に補償することに同意することにより，重大な保険リスクを引き受ける契約」と定義されています（IFRS第17号付録A）。

　IFRS第17号「保険契約」においては，上記債務保証契約のうち金融保証契約の定義を満たすものにつき一定の条件のもと，保険契約にかかる会計基準または金融商品にかかる会計基準のいずれかを選択して適用することができます。

Q1-2　保険会社における相互会社と株式会社

保険会社には，相互会社と株式会社がありますが，何が異なるのでしょうか。

Answer Point

- 株式会社が営利を目的とした，株主が構成員となる会社形態であるのに対し，相互会社は相互扶助の理念に基づき保険契約者が社員となる会社形態です。
- 相互会社と株式会社の経営上の相違点は，近年縮小傾向にあります。

（1）相互会社と株式会社の制度上の比較

保険会社は，保険業法第5条の2によって，株式会社または相互会社でなければならないものとされています。

株式会社が会社法に基づき設立された営利を目的とする法人であるのに対し，相互会社は保険業法に基づき設立された営利も公益も目的としない中間的な社団法人です（業法第2条第5項）。

相互会社においては，保険契約者が保険加入と同時に会社の持分権者である社員になります。その組織構成が，相互扶助の理念に基づく保険事業の性格に適しているため，保険事業に特有の会社形態として設けられています。これは，わが国のみならず，世界各国の保険事業において広く採用されている会社形態です。

相互会社と株式会社の制度上の主な相違点は，図表1-2-1のとおりです。

図表1-2-1 相互会社と株式会社の比較

	相互会社	株式会社
性　格	保険業法に基づく，営利も公益も目的としない中間法人	会社法に基づく，営利を目的とする法人
構成員	社員（＝保険契約者）	株主
意思決定機関	社員総会（総代会）	株主総会
資　本	他人資本（会社の債権者である基金拠出者が拠出）	自己資本（会社の構成員である株主が出資）

(2) 相互会社と株式会社の経営上の比較

　上記の制度上の特徴に伴って，以下のような経営上の相違点が生じます。ただし，その相違の程度は，近年では縮小しているものと考えられます。

① 剰余金（利益）の分配

　相互会社は，保険契約者が社員となるため，株主配当を行う必要がなく，事業成果（剰余金）を保険契約者のみに配当します。したがって，相互会社は株式会社と異なり，会社持分権者である社員と保険契約者との利害対立が生じる余地がなく，また短期的な利益を求める必要がないため長期的な視点での経営を行うことができます。

　ただし，相互会社では未処分剰余金の一定割合以上の配当が強制されていますが，2002年3月には，財務基盤の強化のため，その割合が従来の80％から20％に引き下げられています（業法第55条の2第2項，第3項，業規第30条の6）。また，相互会社でも無配当保険を販売できるようになる等，相互会社の配当の優位性は低下しているものと考えられます。

② 資金調達

　相互会社での資金調達は基金の募集によりますが，基金は利息の支払を伴い，また元本の返済義務があります。一方で，株式会社では，返済義務のない株式の発行を活用した柔軟な資金調達が可能となるというメリットがあります。

この点に関しては，近年では特定目的会社を用いた証券化による基金の募集が行われており，相互会社においても，資金調達の自由度が高められています。

③　事業再編

相互会社は，他の相互会社または保険株式会社とのみ合併をすることができ，また，合併後の会社は，相互会社または保険株式会社でなければならないものとされています（業法第159条）。そのため，他業態との事業再編には，一定の制限があります。

一方，株式会社ではそのようなしばりがないため，経営戦略の多様性が増します。特に海外の成長市場へと保険事業を展開させる際に，他の金融・保険グループとの合併や持ち株会社の利用を行う上でメリットがあります。

しかしながら，海外展開の成否は，形式的な再編形態よりも，経営ノウハウの移転や現地にあった商品販売戦略等にかかるものと考えられます。相互会社でも，海外保険会社への出資や業務提携等により，積極的に海外市場へ進出し，成功を収めている事例が見受けられます。

（3）わが国の保険会社の形態

現状では，わが国において相互会社形態を採用する損害保険会社はありません。また，生命保険会社についても相互会社数は減少しており，現在では5社のみとなっています。

わが国の生命保険業界においては，以前は大手の会社のほとんどが相互会社という時期が続いていましたが，1980年代以降の外資系会社の新規参入が株式会社形態で行われたこと等により，株式会社の割合が高まりました。

また，1990年代以降，世界各国で生命保険相互会社の株式会社化（会社形態を相互会社から株式会社に組織変更すること）の動きが活発化しましたが，わが国でも，2000年代に入り，大同生命，大和生命（現　プルデンシャル ジブラルタ ファイナンシャル生命），太陽生命，三井生命（現　大樹生命），第一生命の5社が株式会社化しています。特に2000年の保険業法改正により，社員（保険契約者）への1株未満の株式割当て部分について，金銭で交付すること

が可能となり，端株主の発生による管理コストの問題が解消されたことが，株式会社化の進展に寄与したものと考えられます。

図表1-2-2 主要生命保険会社の会社形態

会社名	会社形態	備　考
日本生命	相互会社	―
かんぽ生命	株式会社	―
第一生命	株式会社	日本初の相互会社として1902年に設立。その後，2010年に株式会社化。
明治安田生命	相互会社	2004年に明治生命と安田生命が相互会社同士で合併して発足。
住友生命	相互会社	―
アフラック生命	株式会社	―
メットライフ生命	株式会社	―
ジブラルタ生命	株式会社	―
ソニー生命	株式会社	―
第一フロンティア生命	株式会社	―
富国生命	相互会社	―
大樹生命 （旧三井生命）	株式会社	1914年に株式会社として創業後，1947年に相互会社として再発足。その後，2004年に株式会社化。
太陽生命	株式会社	1893年に株式会社として創立後，1948年に相互会社として再発足。その後，2003年に株式会社化。

Q1-3　再保険

再保険とは何ですか。また，再保険を行う理由は何ですか。実務上，再保険の仕組みについて教えてください。

Answer Point

- 再保険とは，保険会社が引き受けた契約におけるリスクのすべて，もしくは一部を他の（再）保険会社に移転する経済取引です。
- 再保険の目的と機能は自らの引受能力を拡大すること，事業成績の安定化，および財務状況の強化です。
- 再保険の契約は任意再保険と特約再保険に分類されます。

解 説

（1）再保険とは何か

　再保険とは，保険会社が引き受けた契約におけるリスクのすべて，もしくは一部を他の（再）保険会社に移転する経済取引です。保険契約者から引き受けた元受保険契約に基づく保険責任について，当該会社がその保険責任の全部または一部を他の（受再）保険会社へ転嫁することを再保険といいます。また，受再契約について，上記元受保険契約と同じように出再された場合は，再々保険といいます。ここで受再とは他の保険会社から再保険を引き受けることをいい，出再とは他の保険会社に再保険を引き受けてもらうことをいいます。

　再保険の仕組みは，図表1-3-1のとおりとなります。

図表1-3-1 再保険の仕組み

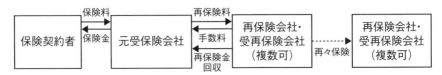

米国においては，ASCトピック944「金融サービス－保険」（旧FASB基準書第113号）の規定に基づき，再保険契約として認定されるためには，相当量の保険引受リスク（Underwriting Risk）および時間的なリスク（Timing Risk）の移転が要件とされています。わが国における法制上，再保険は元受保険会社の契約者への損害てん補を保険の目的とする損害保険として位置づけられています。保険業法第3条第5項第1号によると，「損害保険契約」は一定の偶然の事故によって生ずることのある損害をてん補することを約し，保険料を収受する保険をいいます。生命再保険については，保険業法第3条第4項第3号によって，生命保険会社および損害保険会社ともに引き受けることが可能です。

（2）再保険を行う理由

再保険は保険会社のリスク管理に対してきわめて重要な役割をもち，主に以下の目的と機能を果たします。

① 引受能力の拡張

再保険の最初の目的は自らの引受能力を拡大することです。保険会社は，当該会社が負担する過大な保険金額やリスクに対して，負担能力を超える部分を再保険に転嫁することによって，引受能力を拡張します。

② 事業成績の安定化

地震や台風等の大規模な自然災害が発生した場合，異常損害に伴う巨額な保険金支払が生じる可能性があります。再保険を行うことによって，こうした巨大災害による単年度の事業成績の大幅悪化を防ぐことができます。

③ 財務状況の強化

　再保険のもう1つの機能としては財務管理があります。監督機関は保険会社の資本金，基金および準備金等の合計額を用いて，保険会社の経営の健全性を判断する基準（保険金等の支払能力が充実した状態であるかどうか等）を定めることができます。保険会社は保険契約を再保険に付した状況において，出再先が法律上の条件に合致した場合は，出再した部分に相当する責任準備金や支払備金を不積立てとすることができます（業規第71条，第73条）。そのため，実質純資産や保険金等の支払能力等の財務状況を強化することができます。

（3）再保険契約の種類

　再保険の契約は任意再保険と特約再保険に分類されます。

　任意再保険とは，出再会社が自由に，かつ，個別的に再保険会社を選択し出再を行い，再保険会社は個々の危険判断に基づき引き受けるかどうかを決定する取引であり，最も古い再保険の方法です。

　一方，特約再保険とは，個々の契約ごとに交渉を行わず出再と受再が再保険内容を取り決め，この契約内容に従って規則的に個々の元受契約の再保険を行うものです。

　また，責任分担方法により，任意再保険と特約再保険はともに，図表1-3-2のとおり割合再保険と非割合再保険に分類されます。

図表1-3-2　再保険契約の種類

任意再保険	割合	割合任意再保険
	非割合	超過損害額任意再保険
		ストップロス任意再保険
特約再保険	割合	比率再保険
		超過額再保険
	非割合	超過損害額特約再保険
		ストップロス特約再保険

【割合再保険の例】

　比率再保険とは，対象となるすべての契約を一定の割合で出再する方式です。超過額再保険は，出再会社が保有額を決定し，定められた保有額を超過す

る部分を出再する方式です。

【非割合再保険の例】

　超過損害額再保険とは，対象契約のいずれかに損害が発生し，その金額が定めた一定額を超過する場合，その超過部分から定めた再保険責任限度額まで再保険金として回収するものです。一方，ストップロス再保険は，対象とする契約集団の年間累積損害額（または損害率）が定めた一定額（または一定率）を超過する場合，この超過損害額を再保険金として回収するものです。

(4) 代表的な再保険会社

　図表1-3-3に挙げたTop 5の再保険会社は，全世界のマーケット・シェアの半分以上を占めています（2017年度正味再保険料により計算）。

図表1-3-3　代表的な再保険会社

ランキング	再保険会社	2017年度のシェア(注)	2017年末S&P格付け
1	Munich Reinsurance Co.（ドイツ）	16%	AA-（Stable）
2	Swiss Reinsurance Co.（スイス）	14%	AA-（Stable）
3	Berkshire Hathaway Re（アメリカ）	10%	AA+（Negative）
4	Hannover Rück SE（ドイツ）	8%	AA-（Stable）
5	SCOR SE（フランス）	7%	AA-（Stable）
⋮	⋮	⋮	⋮
21	トーア再保険株式会社（日本）	1%	A+（Stable）

（注）Top 40 Global Reinsurance Groups（世界Top 40再保険グループ）における2017年度の正味再保険料シェア
（出所：Standard & Poor's Global Reinsurance Highlights 2018 Edition）

　また，トーア再保険株式会社は，世界Top 40再保険グループの一角であり，日本を代表する再保険会社です。

Q1-4　保険計理人

保険計理人について教えてください。

Answer Point

- 保険計理人は，保険会社の健全性の観点から，保険業法第121条に基づいて，責任準備金・契約者配当・業務継続可能性等について確認し，その結果についての意見書を取締役会に提出します。
- 保険計理人は，監査役および会計監査人等と協力し，双方の職務の遂行のために必要な情報の交換に努めなければならないとされています。

解　説

（1）保険計理人とは何か

　保険計理人とは，保険会社にて保険数理を担当する専門家であり，すべての生命保険会社と自動車損害賠償責任保険の契約・地震保険契約のみを引き受ける会社以外の損害保険会社については，取締役会において保険計理人を選任し，保険料の算出方法その他の事項に係る保険数理に関する事項として内閣府令で定める者に関与させなければならないとされています（業法第120条第1項，業規第76条）。

　保険計理人の要件は保険業法施行規則第78条で規定されており，下記のいずれかに該当する者とされています。

- 社団法人日本アクチュアリー会の正会員であり，かつ，保険会社の保険数理に関する業務に5年以上従事した者
- 社団法人日本アクチュアリー会の正会員であり，かつ，保険数理に関する

業務に7年以上従事した者

（2）保険計理人の役割について

　保険計理人の役割は，毎決算期において，以下に掲げる事項について，内閣府令で定めるところにより確認し，その結果を記載した意見書，およびその確認方法等を記載した附属報告書を作成し，取締役会に提出しなければならないとされています（業法第121条）。

　①　内閣府令で定める保険契約に係る責任準備金が健全な保険数理に基づいて積み立てられているかどうか（これに対する意見を「1号意見」という）

　②　契約者配当または社員に対する剰余金の分配が公正かつ衡平に行われているかどうか（これに対する意見を「2号意見」という）

　③　その他内閣府令で定める事項（これに対する意見を「3号意見」という）

　なお，上記の③については，財産の状況に関する事項として，将来の収支を保険数理に基づき合理的に予測した結果に照らし，保険業の継続が困難であるかどうか（事業継続基準），保険金等の支払能力の充実の状況が保険数理に基づき適当であるかどうか（ソルベンシー・マージン基準），および損害保険会社においてはIBNR備金が健全な保険数理に基づいて積み立てられているかどうかの確認を行うこととされています。

　上記の「1号意見」，「2号意見」，「3号意見」について，詳しくはQ3-10「将来収支分析」，Q3-13「契約者（社員）配当準備金とは」を参照ください。

（3）保険計理人と監査役，会計監査人との連携について

　保険計理人は，監査役（委員会設置会社にあっては，監査委員会の指定した監査委員。以下同じ）および会計監査人へ監査を受けるべき計算書類が提出された後，意見書および附属報告書の内容が確定した後遅滞なく，監査役および会計監査人に対し，意見書および附属報告書の内容を通知します（社団法人日本アクチュアリー会「生命保険会社の保険計理人の実務基準」，「損害保険会社の保険計理人の実務基準」および業規第82条第3項）。

　また，社団法人日本アクチュアリー会「生命保険会社の保険計理人の実務基準」，「損害保険会社の保険計理人の実務基準」には，「保険計理人は，監査役

および会計監査人と協力し，双方の職務の遂行のために必要な情報の交換に努めなければならない。」とあり，保険計理人と監査役，会計監査人とは協調して職務にあたることが求められています。

Q1-5 少額短期保険業

少額短期保険業について教えてください。

Answer Point

- 少額短期保険業は,保険業法上の保険業のうち,一定事業規模の範囲内で,少額かつ短期の保険の引受けのみを行う事業をいいます。
- 一定事業規模の範囲内とは, 一事業年度に収受する保険料の総額が50億円を超えないことをいいます。

解説

(1) 制度趣旨

2006年以前には, 各主務官庁（農水省, 経済産業省, 国交省等）の監督・規制を受けていたJA共済, 県民共済等の根拠法のある共済のほか, 所管する主務官庁がなく監督・規制が行われていない根拠法のない共済（いわゆる無認可共済）がありました。しかし, 無認可共済については事業者の急増等もあり, 生命・身体に関する共済のみならず, 家財, ペット, 葬儀の共済など多様化しており, 契約者保護の観点から行政上の課題が指摘されるようになりました。

そのため, その目的や対象を問わず, 広く保険業法の規制の対象とし, 財務や業務に関するルールの下で事業を行うよう, 保険業法が改正（施行日 平成18年4月1日）され, 新たに少額短期保険業制度が導入されました。

(2) 保険期間

生命保険および医療保険については1年, 損害保険については2年の保険期間の上限が定められています（業法第2条第17項, 保険業法施行令第1条の5）。

（3）保険金額

　保険金額は，1人の被保険者について，図表1-5-1記載の区分ごとの金額の範囲内であり，かつ，複数契約の総額でも1,000万円以下であることとされています（業法第2条第17項，保険業法施行令第1条の6）。

図表1-5-1　保険金額一覧

区　分	上限額
疾病による重度障害・死亡	300万円以下
疾病・傷害による入院給付金等	80万円（日額×通算限度日数）
傷害による重度障害・死亡	600万円
損害保険	1,000万円

（4）各種の規制

　少額短期保険業者に対する規制は，図表1-5-2のとおりであり，保険会社よりも緩やかなものとなっています。

図表1-5-2　規制項目一覧

項目	保険会社	少額短期保険業者
監督官庁	金融庁	金融庁
設立時の免許制度	免許制	登録制
最低資本金	10億円	1,000万円
生損保兼営	兼営不可	兼営可
取扱商品	無限定	少額，短期，掛捨てに限定
商品審査制度	あり	あり
責任準備金制度	あり	あり
資産運用規制	あり	あり
ディスクロージャー制度	あり	あり
公的セーフティーネット	あり[注1]	なし[注2]

（注1）保険契約者保護機構への加盟が義務づけられている。
（注2）保険契約者保護機構への加盟義務はないが，保証金の供託制度が存在する。
（出所：金融庁ホームページ　http://www.fsa.go.jp/ordinary/syougaku/index.html）

（5）少額短期保険業の会計制度

　少額短期保険業は保険業法の規制対象であり，その会計処理は保険会社と同様に保険業法および保険業法施行規則により規定されていて，保険会社と大きく異なるところはありません。

　一方，開示書類の表示方法については，保険業法施行規則別紙様式第16号の17で規定されており，生命保険会社の様式を基礎としながらも，一部，損害保険会社の様式を取り入れる内容となっています。

Q1-6　共　済

共済について教えてください。

Answer Point

- 共済とは，一定の団体の組合員または加入者が，将来発生する可能性のある災害や不幸の発生に対し，あらかじめ共同の基金を形成し，その災害等の発生の際に組合員または加入者に対して一定の給付を行う制度です。
- 共済事業と保険業との主たる違いは，共済事業の場合には，その契約者があらかじめ定められた一定の団体内に制限されていることといえます。

解　説

（1）共済とは

　共済とは，一定の団体の組合員または加入者が，将来発生する可能性のある災害や不幸の発生に対し，あらかじめ共同の基金を形成し，その災害等の発生の際に組合員または加入者に対して一定の給付を行う制度です。

　共済は，その根拠となる法律ごとに図表1-6-1のように分類できます。

　保険契約は，保険法第2条第1号において，当事者の一方が一定の事由が生じたことを条件として財産上の給付を行うことを約し，相手方がこれに対して当該一定の事由の発生の可能性に応じたものとして保険料を支払うことを約する契約と定義されています。したがって，共済契約も保険契約には該当しますが，共済事業は「他の法律に特別の規定のあるもの」（業法第2条第1項第1号），「地方公共団体がその住民を相手方として行うもの」（業法第2条第1項第2号イ）や，1つの企業内，労働組合内で行うもの（業法第2条第1項第2

号ロおよびハ）および小規模なもの（業法第2条第1項第3号）等として定義されており，保険業との主な差異はその契約者があらかじめ定められた一定の団体内に制限されているかどうかにあるといえます。

また，保険業では生損保兼営が禁止されているのに対し（業法第3条第3項），共済事業では，それぞれの根拠法に基づき，生命保険商品と損害保険商品の双方を扱う団体があります。

図表1-6-1　根拠となる法律による主要な共済事業の分類

根拠法	所管庁	主な共済団体	
農業協同組合法	農林水産省	農業協同組合，JA共済連	
水産業協同組合法	農林水産省・水産庁	漁業協同組合，JF共水連	
消費生活協同組合法	厚生労働省	地域	全労済，全国生協連（県民共済生協），コープ共済連，生協全共連（県市民共済生協）
		職域	大学生協共済連
		地域・職域	日本再共済連

（出所：社団法人日本共済協会ホームページ　http://www.jcia.or.jp/qa/index.html）

（2）制度の変遷

2006年に契約者保護の観点から保険業法の適用範囲が見直されました。

適用範囲見直し以前の保険業法は，不特定の者を相手として保険の引受けを行う保険業を規制の対象としていたため，特定の者に対して保険業類似の事業，すなわち共済を行う者について，他の法律で特別の規定があるもの（JA共済等の制度共済）以外は，法規制や監督官庁がなく，いわゆる根拠法のない共済が存在していました。

2006年に保険業法が改正され，その適用範囲を拡大し，特定の者を相手方として保険の引受けを行う事業についても，原則として保険業法を適用し，一定の事業規模の範囲内で少額短期の保険のみの引受けを行う事業者について，登録制の少額短期保険業制度が新たに創設されました。

この改正により，根拠法のない共済は存在しないこととなりました。

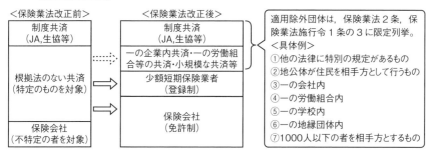

図表1-6-2　共済，保険業，少額短期保険業の関係のイメージ図

(出所：金融庁ホームページ　http://www.fsa.go.jp/news/18/hoken/20060831-2.pdf)

（3）共済の会計および開示

　共済は，上述のとおり，根拠となる法律および所管官庁がそれぞれ異なるために，それぞれの根拠法の規定などに従い会計処理および開示書類の作成が行われています。

　「保険」と「共済」のように，用語の違いはあるものの，その会計処理および開示書類の表示方法は保険会社に類似するものとなっています。

Q1-7 保険会社の業界動向

保険会社の業界動向について教えてください。

Answer Point

- 生命保険業界は，長引く低金利と少子高齢化等の影響を受け，死亡保障中心から医療保障へと商品の構造変化が見られます。
- 損害保険業界は，自然災害による保険金増加の影響を受けていますが，気候変動やサイバー攻撃など新興リスクに備えた保険需要の増加が見込まれます。
- 保険市場のグローバル化に伴い国際的な規制整備が進み，ORSAや経済価値ベースのソルベンシー規制が導入されます。
- 世界的なデジタル化の潮流は，保険ビジネス全体に影響を及ぼします。

解 説

（1）生命保険業界

　国内全41社の生命保険会社のうち，日本生命，明治安田生命，第一生命，住友生命の大手４社とかんぽ生命の保険料等収入は，全体の５割を占めています（2017年３月期，インシュアランス生命保険統計号）。かんぽ生命は，2006年郵政民営化法に基づき設立された後，2015年11月に東証１部に上場，離島にもある日本各地の拠点で，家庭市場向けの小口の商品を販売する総資産額は上場時約80兆円と最大規模となりました。

　日本生命は，100年以上もの間，生命保険業界におけるリーディングカンパニーとして躍進し，2016年３月に三井生命（現　大樹生命），2018年５月にマスミューチュアル生命（現　ニッセイ・ウェルス生命）を買収し，さらに国内

基盤が強化されました。

　第一生命は2010年11月に相互会社から株式会社に組織変更し，東証１部に上場しました。経常収益の２割は海外生命保険事業であり，特にオーストラリアやベトナムで高いシェアを占め，リスクの高い海外事業に挑戦し，今では強みになっています。M&Aなど海外の生命保険会社を買収し，人口が減少する国内で賄えない分の収益を補填しようとする動きは，大手生保各社で共通しています。

　ジブラルタ生命やメットライフ生命，チューリッヒ生命（日本支店）など外資系保険会社は，グローバルのノウハウを活用した独自の商品性を強みに，インターネット，代理店，銀行窓販など大手と異なる販売チャネルを活用しています。高齢者向け医療保険，富裕層向けの外貨建年金など比較的リスクのある商品を展開するものの，国内生保との競合は激化しています。

　2018年４月から適用される生命保険の標準生命表が11年振りに改定されました。保険料改定は新規契約分が対象ですが，死亡率の低下により，終身保険や定期保険などの死亡保険の保険料は５％程度下がり，長寿化により医療保険などの保険料は値上げされる見込みです。医療技術の進歩や景気を背景にこの10年で寿命が１歳以上延びましたが，健康な体で過ごせる健康寿命と平均10年程度違うという統計結果から，健康体の保険料を割り引く新商品が発売されるようになりました。さらに，低金利環境が継続する中で，2017年４月から標準利率が引き下げられ，貯蓄性保険の保険料が値上がりしました。

　日本の保険会社は，主力商品である死亡保障のニーズが伸びず，低金利のため魅力的な貯蓄・投資商品を提供できず，生命保険料の増収が困難な状況において，医療保障中心の事業展開へと構造変化を進めていますが，この変化は生命保険料の減少を伴います。日本は長らく世界の生命保険料シェア第２位の地位にありましたが，2017年に中国にその地位を明け渡し第３位となりました。

（2）損害保険業界

　国内全53社の損害保険会社（2019年７月現在）のうち，大手損害保険会社３グループ（MS&ADインシュアランスグループホールディングス，東京海上ホールディングス，SOMPOホールディングス）に属する損害保険会社の保険

料等収入は市場の約9割を占めています（2017年3月期，インシュアランス損害保険統計号）。北米や欧州等の企業買収，アジアへの投資により海外保険事業を展開し，商品開発，デジタル化への投資など，変革する保険市場で国際競争力を強めています。

2019年3月期の保険種類別損害保険料は，自動車（自賠責を含む）が5割を超え，火災（地震を含む）15％，新種15％，傷害10％で構成されています。火災保険の地震保険付帯率は2011年の東日本大震災以降5割を超え，63％に増加しました。日本各地で地震や台風被害が生じ，火災保険の保険金は増えています。地球温暖化をはじめとした気候変動や地震の増加は，グローバルな現象であり，自然災害による被害は世界各地で増加しています。しかし，災害による経済的損害額に対して保険補填額は3割程度と低く，保険で補填されないプロテクション・ギャップは高い状態にあります。

また，サイバーリスクや地球温暖化による気候変動リスクなどの新しいリスクにも応じて，保険商品の多様化が進展しています。

（3）国際保険規制の動向

2008年の金融危機の再発防止のため，国際的に金融規制強化が進展し，金融安定理事会（FSB）の下に各国保険監督当局をメンバーとする保険監督者国際機構（IAIS）が保険に係る国際的な規制・監督の枠組みを構築してきました。すべての保険会社に適用される保険基本原則（ICP）に，日本の大手保険会社を含む国際的に活動する保険グループ（IAIGs）を監督する共通の枠組み（ComFrame）が組み込まれ，連結グループベースの保険資本基準（ICS）等の主要な基準の承認を得て2019年11月に採択されました。その後，5年のモニタリング期間を経て，2025年に各国の規制として導入されていくことになります。

国内規制では，企業・経済の持続的成長と安定的な資産形成のため，金融行政の新しい監査・監督に向けた取組みとして，検査マニュアルは廃止され，金融機関の多様な実務を可能にする見直しが進められています。国際監督規制の潮流をうけて，毎年全保険会社に，リスクとソルベンシーの自己評価（ORSA）に関する報告書の提出および統合的リスク管理（ERM）態勢ヒアリングやICS

に相当する経済価値ベースのソルベンシー規制を導入するためのフィールドテストの実施および報告が要求されるようになりました。

（4）デジタル化の進展

　世界的なデジタル化の潮流は，金融システムの機能や金融機関の役割に影響を及ぼし，既存の保険ビジネスを根本的に変える可能性があります。新技術やデータを利用することによって，保険料率，マーケティング，商品設計，保険金支払処理，顧客関係の継続的な管理に至るまで，保険会社全体に急速な変化が見られます。

　デジタルデバイスやインターネットの普及は，テレマティクスによる遠隔操作を可能にし，ビッグデータのデータ分析を自動化したアルゴリズム・ベースの商品比較やオンラインアドバイスを可能にします。機械学習（ML）や人工知能（AI）の利用，ブロックチェーンやスマート・コントラクトなど分散元帳テクノロジー（DLT）は資産管理の高度化を促進し，プラットフォーム・ビジネスモデル，ピアー・ツー・ピア，オンデマンド保険など，デジタル技術の導入に係る規制が緩和される方向にあり，より一層急速に，新しいビジネスモデルが促進していくでしょう。

　高度な自動運転車の実用化が視野に入り，責任関係の明確化や法制度の整備がグローバルで進んでいます。一方で，デジタル化により，狡猾なサイバー攻撃の脅威にさらされることとなるため，サイバーリスクに対するセキュリティー対策の強化は非常に重要となっています。

第2章

会計の特徴

本章では，保険業の会計にかかる概要を説明します。保険会社の規制法令を見ることで，保険業の会計の置かれている法的な位置づけが明らかになります。また，生命保険会社と損害保険会社それぞれについて，会計処理や財務諸表の表示方法，特に損益計算書に関する異同を明らかにすることで，保険業全体の会計を説明しています。これらにより，次章で説明している個々の会計処理等の前提を整理します。

Q2-1 保険会社の会計に関する法令

保険会社における会計処理，表示および開示に関する法令など
にはどのようなものがありますか。

Answer Point

- 保険会社の会計処理に関連する法令としては，会社法の関係法令
  （会社計算規則を含む）のほか，保険業法の関係法令（保険業法
  施行規則を含む）が挙げられます。
- 相互会社は会社法の適用を受けないものの，保険業法の中に会社
  法の計算規定の内容が織り込まれていることや，一般に公正妥当
  と認められる企業会計の基準や慣行をしん酌する規定があること
  から，相互会社と保険業を営む株式会社（以下，「保険株式会社」
  という）の会計処理においては，会社形態の差異に起因する純資
  産の部の会計処理の差異を除き，大きな違いはありません。
- 保険会社の計算書類等の表示および開示に関連する法令として
  は，会社計算規則や保険業法施行規則が挙げられます。

（1）保険会社における会計処理に関する法令

　保険会社の会社形態には株式会社と相互会社がありますが，株式会社は会社
法で認められた会社形態の1つであり，相互会社は保険業法で特別に保険会社
に認められた会社形態です（詳細はQ1-2を参照してください）。

　保険株式会社と相互会社では会社形態が異なるため，会計処理にあたっての
直接の根拠法令は，保険株式会社の場合には会社法と保険業法ですが，相互会
社の場合には保険業法のみとなります。

　ただし保険業法には，相互会社にかかる会計処理に関して，会社法（会社計算規則を含む）と同じ内容の定めがあること，また，保険業法などに定めのない会計処理については，一般に公正妥当と認められる企業会計の基準や慣行をしん酌することとなっていることから（業法第54条，業規第24条），結果として保険株式会社と同様の会計処理が行われるようになっています。なお，相互会社の純資産の部には「基金」など相互会社特有の勘定科目がありますが，これらの勘定科目に関連する会計処理も保険業法などに定められており，保険株式会社の純資産の部の会計処理とは一部異なっています。

　保険株式会社が保険業法に準拠するのは，保険会社特有の会計処理についてであり，相互会社と同様に，責任準備金や支払備金の積立てなどの会計処理について保険業法の適用を受けます。

　以上をまとめると図表2-1-1，図表2-1-2になります。

図表2-1-1　保険株式会社における会計処理に関する法令などのイメージ

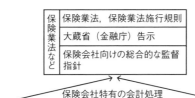

図表2-1-2　相互会社における会計処理に関する法令などのイメージ

(2) 保険会社における計算書類等の表示および開示に関する法令

保険株式会社では，会社法および保険業法にて計算書類（貸借対照表，損益計算書，株主資本等変動計算書）とその附属明細書を作成することが求められており（会第435条第2項，業法第13条，業規第17条の5第1項），相互会社では保険業法にて計算書類（貸借対照表，損益計算書，剰余金処分案又は損失処理案，基金等変動計算書）とその附属明細書を作成することが求められています（業法第54条の3第2項，業規第25条の2第1項）。本問では，計算書類とその附属明細書を合わせて「計算書類等」といい，事業報告は割愛しています。

また，保険株式会社や相互会社のうち，一定の要件を満たす会社は，連結計算書類の作成が求められています（会第444条第3項，業法第54条の10第3項）。

保険株式会社では，計算書類等の作成にあたり，当然に会社計算規則（会第435条第2項）に従うこととなりますが，計算書類等の用語，様式および作成方法について保険業法施行規則に定めがある事項は，同規則が優先されます（会社計算規則第118条第1項）。逆に，保険業法施行規則に定めのない事項については，会社計算規則に従うことになります（会社計算規則第118条第1項ただし書き）。連結計算書類についても計算書類と同様の取扱いとなります。

一方，相互会社では，保険業法施行規則に基づいて計算書類等および連結計算書類を作成することになります。

保険会社の計算書類等の様式については，保険業法施行規則の別紙様式に準じることとなっており，保険株式会社と相互会社の計算書類等は別紙様式第7号（業規第17条の5第2項，第25条の2第3項），相互会社の連結計算書類は別紙様式第7号の3に準じてそれぞれ作成されます（業規第25条の3第2項）。保険株式会社の連結計算書類については，保険業法施行規則上，明記されていませんが，実務上は，別紙様式第7号の3に準じて作成されています。

Q2-2　生命保険会社と損害保険会社の会計処理等の違い

　生命保険会社と損害保険会社では，会計処理等において，どのような違いがあるのか教えてください。

Answer Point

- 生命保険会社と損害保険会社とでは，取り扱う保険分野が異なることから，会計処理や資産運用面で相違があります。

（1）生命保険会社と損害保険会社のビジネス概要

　保険は，第一分野～第三分野に分類され，生命保険会社では第一分野と第三分野の保険商品を，損害保険会社では第二分野と第三分野の保険商品を取り扱うことができます。

　それぞれが取り扱う保険商品は，図表2-2-1のようになります。

図表2-2-1　生命保険会社と損害保険会社が取り扱う保険商品

生命保険会社		損害保険会社
第一分野	第三分野	第二分野
人の生死に関して，一定額の保険金を支払うことを約し，保険料を収受する保険（傷害を受けたことを原因とする死亡は第三分野扱い）	疾病にかかったり傷害を受けたことに関し，一定額の保険金を支払うこと，またはこれらによって生ずる損害を填補することを約し，保険料を収受する保険	一定の偶然の事故によって生ずることのある損害をてん補することを約し保険料を収受する保険（第三分野の保険を除く）
		海外旅行期間における死亡や当該期間中にかかった疾病を原因とする死亡に関する保険
死亡保険，年金保険等	医療保険，がん保険，介護保険等	火災保険，自動車保険，海上保険等

（2）生命保険会社と損害保険会社の会計処理等における違い

生命保険会社と損害保険会社の会計処理等における違いとして，次のようなものがあります。

① 未収保険料の計上

生命保険会社においては，保険料の認識基準が現金主義であることから未収保険料の計上が認められていませんが（業規第69条第3項），損害保険会社においては，元受保険料の2回目以降収納の保険料については，支払期日応当月が到来しているものを収益計上することになっており，未収保険料が計上されます（監督指針Ⅱ-2-1-4）。

この理由についてはQ3-28を参照してください。

② 保険料・保険金の表示

生命保険会社の損益計算書上，保険料，保険金は再保険取引による出再金額を控除せず，総額表示する一方で，損害保険会社では出再金額控除後の純額で表示します（詳細はQ2-4参照）。

③ 支払備金の積立て（支払備金についてはQ3-2参照）

生命保険会社では，死亡や生存の事実に基づき，あらかじめ契約で定められた一定額の保険金を支払うのに対し，損害保険会社では，損害の査定を踏まえなければ支払額が定まらず，査定に一定の時間を要する上，案件ごとに支払金額がばらつき，多額に上る場合もあります。そのため，損害保険会社のIBNR（Incurred But Not Reported：既発生未報告）備金の算定にあたっては生命保険会社と比べて，特に見積りの要素が強く，チェイン・ラダー法，分離法，ボーンヒュッター・ファーガソン法，平均単価法といった統計的見積法が用いられることがあります。

また，損害保険会社では，上記のように，支払額が多額に上る場合もあるため，再保険の仕組みを積極的に利用しています（再保険についてはQ1-3参照）。

④ 責任準備金の内訳

生命保険会社では，保険期間が長期にわたる第一分野の商品を中心に取り扱うことから，責任準備金（責任準備金についてはQ3-4参照）の内訳は保険料積立金が大部分を占めます。

一方，損害保険会社では，保険期間が短期である第二分野の商品を中心に取り扱うことから，責任準備金の内訳は未経過保険料が大部分を占めます。

（3）生命保険会社と損害保険会社の資産運用面での違い

保険会社では，保険の引受けのほか，資産運用も本業の一部となります（業法第97条第2項）。生命保険会社では保険期間が長期の商品を中心に取り扱っているのに対し，損害保険会社では保険期間が短期の商品を中心に取り扱っていることから，資産運用の方法にも違いがあります。

図表2-2-2より，どの保険会社においても，有価証券や責任準備金といった特定の勘定科目が資産や負債の大部分を占めていることがわかりますが，金銭債権や有価証券の内訳を見ると，生命保険会社では長期性の資産へ投資している割合が高く，損害保険会社では短期性の資産へ投資している割合が高くなっており，取り扱う商品の保険期間（責任準備金の計上期間）に応じた資産運用を行っていることがわかります。

また，長期性資産への投資が多い生命保険会社では，資産負債の統合管理（ALM）の手段として，責任準備金対応債券を設定する会社が多く見受けられます（責任準備金対応債券についてはQ3-16参照）。

図表2-2-2　生命保険会社と損害保険会社の資産運用について

五十音順

生命保険会社 [注1]	連結総資産に対する比率				金銭債権および満期のある有価証券の 連結決算日後の償還予定額の構成比率 [注3]			
	資産		負債・純資産		1年 以下	1年超 5年以下	5年超 10年以下	10年超
住友生命	有価 証券	80.7%	責任 準備金	83.5%	7.5%	13.1%	26.4%	53.1%
	貸付金	9.6%	支払 備金	0.4%				
	その他	9.7%	その他	16.1%				
日本生命	有価 証券	80.8%	責任 準備金	80.8%	4.5%	14.7%	23.7%	57.1%
	貸付金	11.6%	支払 備金	0.4%				
	その他	7.6%	その他	18.8%				
明治安田生命	有価 証券	79.7%	責任 準備金	81.6%	6.8%	19.7%	18.9%	54.6%
	貸付金	12.7%	支払 備金	1.8%				
	その他	7.6%	その他	16.6%				

損害保険会社 [注2]	連結総資産に対する比率				金銭債権および満期のある有価証券の 連結決算日後の償還予定額の構成比率 [注3]			
	資産		負債・純資産		1年 以下	1年超 5年以下	5年超 10年以下	10年超
SOMPO ホールディングス	有価 証券	63.4%	責任準 備金等	46.4%	25.2%	27.1%	20.4%	27.2%
	貸付金	7.4%	支払 備金	17.0%				
	その他	29.2%	その他	36.6%				
東京海上 ホールディングス	有価 証券	63.2%	責任準 備金等	45.1%	9.6%	25.1%	24.0%	41.3%
	貸付金	6.0%	支払 備金	18.7%				
	その他	30.8%	その他	36.2%				
MS&ADインシュア ランスグループホー ルディングス	有価 証券	64.7%	責任準 備金等	42.7%	35.0%	31.4%	17.5%	16.1%
	貸付金	4.6%	支払 備金	17.8%				
	その他	30.7%	その他	39.5%				

（注1）連結の範囲には生命保険事業以外の事業を営む子会社を含む。
（注2）連結の範囲には損害保険事業以外の事業を営む子会社を含む。
（注3）償還予定額が見込めないものや期間の定めのないものは除く。
（出所：2018年3月期の各社公表データ（有価証券報告書やディスクロージャー誌）を基
に作成）

Q2-3　保険会社の財務諸表

保険会社における財務諸表の表示方法はどのようになっていますか。

··Answer Point

- 保険会社の貸借対照表は流動・固定分類ではなく，また，損益計算書における保険料と保険金等の関係は売上高と売上原価のような明確な対応関係がないといった特徴があります。
- 保険会社であっても，生命保険会社（相互会社，株式会社）および損害保険会社では，それぞれ貸借対照表・損益計算書の表示方法が異なります。

解｜説

（1）保険会社の財務諸表の表示の特徴

① 貸借対照表

　保険会社の貸借対照表の表示区分方法は，銀行等金融機関と同様に流動・固定分類となっていません。これは，保険会社では製品，商品の製造や販売行為がなく，正常営業循環基準に基づいた流動・固定分類の表示はなじまないためと考えられます。その他，企業会計においては通常，偶発債務および偶発資産は貸借対照表には計上されませんが，保険会社では銀行等金融機関と同様に，支払承諾勘定および支払承諾見返勘定として貸借対照表に計上されます。

② 損益計算書

　損益計算書の表示区分方法に関しては，売上総利益や営業利益に該当する項目はなく，経常収益と経常費用が対比されます。具体的には，主要な収益項目

である保険料等収入（生命保険会社）または保険引受収益（損害保険会社）および資産運用収益と，主要な費用項目である保険金等支払金（生命保険会社）または保険引受費用（損害保険会社）および資産運用費用等がそれぞれの内訳として表示されます。なお，保険会社の収益の認識基準は特徴的（Q3-29参照）であり，売上高に相当する保険料はその受領時に全額収益計上される一方，売上原価に相当する保険金等はその支払時に全額費用計上されることから，両者には，売上高と売上原価のような明確な対応関係はありません。

また，一般事業会社の「販売費及び一般管理費」と類似する費用項目として事業費があります。ただし，損害保険会社の損益計算書には事業費という表示科目はなく「営業費及び一般管理費」，「損害調査費」ならびに「諸手数料及び集金費」がそれぞれ計上されており，事業費はそれらの合計として位置づけられます。なお，生命保険会社と損害保険会社の損益計算書上の特徴についてはQ2-4，事業費の内容についてはQ3-33も参照ください。

(2) 保険会社の財務諸表の表示

Q2-1にて記載したとおり，保険会社の計算書類およびその附属明細書の様式は保険業法施行規則別紙様式に従って作成されます。

保険会社の別紙様式に基づく貸借対照表・損益計算書（個別財務諸表の場合であり，株主資本等変動計算書等を除く）は以下の図表のとおりです。

図表2-3-1 生命保険相互会社の貸借対照表，損益計算書

貸借対照表

科　目	金　額	科　目	金　額
（　資　産　の　部　）		（　負　債　の　部　）	
現　金　及　び　預　貯　金		保　険　契　約　準　備　金	
現　　　　　　金		支　払　備　金	
預　　貯　　金		責　任　準　備　金	
コ　ー　ル　ロ　ー　ン		社　員　配　当　準　備　金	
買　現　先　勘　定		代　　理　　店　　借	
債券貸借取引支払保証金		再　　保　　険　　借	
買　入　金　銭　債　権		短　　期　　社　　債	
商　品　有　価　証　券		社　　　　　　　債	
金　銭　の　信　託		そ　の　他　負　債	
有　　価　　証　　券		売　現　先　勘　定	
国　　　　　　　債		債券貸借取引受入担保金	
地　　方　　債		借　　　　入	
社　　　　　　　債		未　払　法　人　税　等	
株　　　　　　　式		未　　　払　　　金	
外　　国　　証　　券		未　　払　　費　　用	
そ　の　他　の　証　券		前　　受　　収　　益	
貸　　　　　付		預　　り　　金	
保　険　約　款　貸　付		預　り　保　証　金	
一　　般　　貸　　付		先物取引受入証拠金	
有　形　固　定　資　産		先　物　取　引　差　金　勘　定	
土　　　　　地		借　入　有　価　証　券	
建　　　　　物		売　付　有　価　証　券	
リ　ー　ス　資　産		金　融　派　生　商　品	
動　　　　　産		金融商品等受入担保金	
建　設　仮　勘　定		リ　ー　ス　債　務	
その他の有形固定資産		資　産　除　去　債　務	
無　形　固　定　資　産		仮　　受　　金	
ソ　フ　ト　ウ　ェ　ア		そ　の　他　の　負　債	
の　　れ　　ん		退　職　給　付　引　当　金	
リ　ー　ス　資　産		役　員　退　職　慰　労　引　当　金	
その他の無形固定資産		価　格　変　動　準　備　金	
代　　理　　店　　貸		金融商品取引責任準備金	
再　　保　　険　　貸		繰　延　税　金　負　債	
そ　の　他　資　産		再評価に係る繰延税金負債	
未　　収　　収　　益		支　　払　　承　　諾	
前　　払　　費　　用		負債の部合計	
未　　収　　金			
預　　　託　　　金		（　純　資　産　の　部　）	
先物取引差入証拠金		基　　　　　　金	
先　物　取　引　差　金　勘　定		基　金　申　込　証　拠　金	
保　管　有　価　証　券		基　金　償　却　積　立　金	
金　融　派　生　商　品		再　評　価　積　立　金	
金融商品等差入担保金		基金償却積立金減少差金	
仮　　払　　金		剰　　余　　金	
リ　ー　ス　投　資　資　産		損　失　塡　補　準　備　金	
そ　の　他　の　資　産		そ　の　他　剰　余　金	
前　払　年　金　費　用		社　員　配　当　平　衡　積　立　金	
繰　延　税　金　資　産	△	○　　○　　積　　立　　金	
再評価に係る繰延税金資産返		当　期　未　処　分　剰　余　金	
支　払　承　諾　見　返		基　金　等　合　計	
貸　　倒　　引　　当　　金		その他有価証券評価差額金	
		繰　延　ヘ　ッ　ジ　損　益	
		土　地　再　評　価　差　額　金	
		評　価・換　算　差　額　等　合　計	
		純資産の部合計	
資産の部合計		負債及び純資産の部合計	

損益計算書

科　　目	金　額	科　　目	金　額
経　常　収　益		経 常 利 益（又は経常損失）	
保 険 料 等 収 入		特　別　利　益	
保　　　　険　　　　料		固 定 資 産 等 処 分 益	
再　保　険　収　入		負 の の れ ん 発 生 益	
資 産 運 用 収 益		保険業法第112条評価益	
利息及び配当金等収入		そ の 他 特 別 利 益	
預　貯　金　利　息		特　別　損　失	
有価証券利息・配当金		固 定 資 産 等 処 分 損	
貸　付　金　利　息		減　　損　　損　　失	
不　動　産　賃　貸　料		価格変動準備金繰入額	
その他利息配当金		金融商品取引責任準備金繰入額	
商品有価証券運用益		不　動　産　圧　縮　損	
金 銭 の 信 託 運 用 益		そ の 他 特 別 損 失	
売買目的有価証券運用益		税引前当期純剰余（又は税引前当期純損失）	
有 価 証 券 売 却 益		法 人 税 及 び 住 民 税	
有 価 証 券 償 還 益		法 人 税 等 調 整 額	
金 融 派 生 商 品 収 益		法 人 税 等 合 計	
為　　替　　差　　益		当期純剰余（又は当期純損失）	
貸 倒 引 当 金 戻 入 額			
そ の 他 運 用 収 益			
特 別 勘 定 資 産 運 用 益			
そ の 他 経 常 収 益			
年 金 特 約 取 扱 受 入 金			
保 険 金 据 置 受 入 金			
そ の 他 の 経 常 収 益			
経　常　費　用			
保 険 金 等 支 払 金			
保　　　　険　　　　金			
年　　　　　　　　　金			
給　　　付　　　金			
解　約　返　戻　金			
そ の 他 返 戻 金			
再　保　険　料			
責 任 準 備 金 等 繰 入 額			
支 払 備 金 繰 入 額			
責 任 準 備 金 繰 入 額			
社員配当金積立利息繰入額			
資 産 運 用 費 用			
支　　払　　利　　息			
商品有価証券運用損			
金 銭 の 信 託 運 用 損			
売買目的有価証券運用損			
有 価 証 券 売 却 損			
有 価 証 券 評 価 損			
有 価 証 券 償 還 損			
金 融 派 生 商 品 費 用			
為　　替　　差　　損			
貸 倒 引 当 金 繰 入 額			
貸　付　金　償　却			
賃貸用不動産等減価償却費			
そ の 他 運 用 費 用			
特 別 勘 定 資 産 運 用 損			
事　　　　業　　　　費			
そ の 他 経 常 費 用			
保 険 金 据 置 支 払 金			
税　　　　　　　　　金			
減　価　償　却　費			
退 職 給 付 引 当 金 繰 入 額			
そ の 他 の 経 常 費 用			

（出所：保険業法施行規則別紙様式第７号）

図表2-3-2　生命保険株式会社の貸借対照表，損益計算書

貸借対照表

科　目	金　額
（　資　産　の　部　）	
現　金　及　び　預　貯　金	
現　　　　　金	
預　　貯　　金	
コ　ー　ル　ロ　ー　ン	
買　現　先　勘　定	
債券貸借取引支払保証金	
買　入　金　銭　債　権	
商　品　有　価　証　券	
金　銭　の　信　託	
有　　価　　証　　券	
国　　　　　債	
地　　方　　債	
社　　　　　債	
株　　　　　式	
外　国　証　券	
その他の証券	
貸　　付　　金	
保　険　約　款　貸　付	
一　般　貸　付	
有　形　固　定　資　産	
土　　　　　地	
建　　　　　物	
リ　ー　ス　資　産	
建　設　仮　勘　定	
その他の有形固定資産	
無　形　固　定　資　産	
ソ　フ　ト　ウ　ェ　ア	
の　れ　ん	
リ　ー　ス　資　産	
その他の無形固定資産	
代　　理　　店　　貸	
再　　保　　険　　貸	
そ　の　他　資　産	
未　　収　　金	
前　払　費　用	
未　収　収　益	
預　　託　　金	
先物取引差入証拠金	
先物取引差金勘定	
保　管　有　価　証　券	
金　融　派　生　商　品	
金融商品等差入担保金	
仮　　払　　金	
リ　ー　ス　投　資　資　産	
その他の資産	
前　払　年　金　費　用	
繰　延　税　金　資　産	
再評価に係る繰延税金資産	
支　払　承　諾　見　返	
貸　　倒　　引　　当　　金	△
資産の部合計	

科　目	金　額
（　負　債　の　部　）	
保　険　契　約　準　備　金	
支　払　備　金	
責　任　準　備　金	
契　約　者　配　当　準　備　金	
代　　理　　店　　借	
再　　保　　険　　借	
短　　期　　社　　債	
社　　　　　債	
新　株　予　約　権　付　社　債	
そ　の　他　負　債	
売　現　先　勘　定	
債券貸借取引受入担保金	
借　　入　　金	
未　払　法　人　税　等	
未　　払　　金	
未　払　費　用	
前　受　収　益	
預　　り　　金	
預　り　保　証　金	
先物取引受入証拠金	
先物取引差金勘定	
借　入　有　価　証　券	
売　付　有　価　証　券	
金　融　派　生　商　品	
金融商品等受入担保金	
リ　ー　ス　債　務	
資　産　除　去　債　務	
仮　　受　　金	
その他の負債	
退　職　給　付　引　当　金	
役　員　退　職　慰　労　引　当　金	
価　格　変　動　準　備　金	
金　融　商　品　取　引　責　任　準　備　金	
繰　延　税　金　負　債	
再評価に係る繰延税金負債	
支　　払　　承　　諾	
負債の部合計	
（　純　資　産　の　部　）	
資　　本　　金	
新　株　式　申　込　証　拠　金	
資　本　剰　余　金	
資　本　準　備　金	
その他資本剰余金	
利　益　剰　余　金	
利　益　準　備　金	
その他利益剰余金	
○○積立金	
繰越利益剰余金	
自　　己　　株　　式	△
自　己　株　式　申　込　証　拠　金	
株　主　資　本　合　計	
その他有価証券評価差額金	
繰　延　ヘ　ッ　ジ　損　益	
土　地　再　評　価　差　額　金	
評価・換算差額等合計	
新　　株　　予　　約　　権	
純資産の部合計	
負債及び純資産の部合計	

損益計算書

科　　目	金　額
経 常 収 益	
保 険 料 等 収 入	
保 　 険 　 料	
再 　 保 　 険 　 収 　 入	
資 産 運 用 収 益	
利息及び配当金等収入	
預 　 貯 　 金 　 利 　 息	
有価証券利息・配当金	
貸 　 付 　 金 　 利 　 息	
不 　 動 　 産 　 賃 　 貸 　 料	
その他利息配当金	
商 品 有 価 証 券 運 用 益	
金 銭 の 信 託 運 用 益	
売買目的有価証券運用益	
有 価 証 券 売 却 益	
有 価 証 券 償 還 益	
金 融 派 生 商 品 収 益	
為 　 替 　 差 　 益	
貸 倒 引 当 金 戻 入 額	
そ の 他 運 用 収 益	
特 別 勘 定 資 産 運 用 益	
そ の 他 経 常 収 益	
年 金 特 約 取 扱 受 入 金	
保 険 金 据 置 受 入 金	
そ の 他 の 経 常 収 益	
経 常 費 用	
保 険 金 等 支 払 金	
保 　 険 　 金	
年 　 金	
給 　 付 　 金	
解 　 約 　 返 　 戻 　 金	
そ の 他 返 戻 金	
再 　 保 　 険 　 料	
責 任 準 備 金 等 繰 入 額	
支 払 備 金 繰 入 額	
責 任 準 備 金 繰 入 額	
契約者配当金積立利息繰入額	
資 産 運 用 費 用	
支 　 払 　 利 　 息	
商 品 有 価 証 券 運 用 損	
金 銭 の 信 託 運 用 損	
売買目的有価証券運用損	
有 価 証 券 売 却 損	
有 価 証 券 評 価 損	
有 価 証 券 償 還 損	
金 融 派 生 商 品 費 用	
為 　 替 　 差 　 損	
貸 倒 引 当 金 繰 入 額	
貸 　 付 　 金 　 償 　 却	
賃貸用不動産等減価償却費	
そ の 他 運 用 費 用	
特 別 勘 定 資 産 運 用 損	
事 　 業 　 費	
そ の 他 経 常 費 用	
保 険 金 据 置 支 払 金	
税 　 金	
減 　 価 　 償 　 却 　 費	
退 職 給 付 引 当 金 繰 入 額	
そ の 他 の 経 常 費 用	

科　　目	金　額
経 常 利 益 （ 又 は 経 常 損 失 ）	
特 別 利 益	
固 定 資 産 等 処 分 益	
負 の の れ ん 発 生 益	
保 険 業 法 第112条 評 価 益	
そ の 他 特 別 利 益	
特 別 損 失	
固 定 資 産 等 処 分 損	
減 　 損 　 損 　 失	
価 格 変 動 準 備 金 繰 入 額	
金融商品取引責任準備金繰入額	
不 　 動 　 産 　 圧 　 縮 　 損	
そ の 他 特 別 損 失	
契 約 者 配 当 準 備 金 繰 入 額	
税引前当期純利益（又は税引前当期純損失）	
法 人 税 及 び 住 民 税	
法 人 税 等 調 整 額	
法 人 税 等 合 計	
当期純利益（又は当期純損失）	

（出所：保険業法施行規則別紙様式第 7 号）

図表2-3-3　損害保険株式会社の貸借対照表，損益計算書

貸借対照表

科　　目	金　額	科　　目	金　額
（　資　産　の　部　）		（　負　債　の　部　）	
現金及び預貯金		保険契約準備金	
現金		支払備金	
預貯金		責任準備金	
コールローン		社債	
買現先勘定		短期社債	
債券貸借取引支払保証金		新株予約権付社債	
買入金銭債権		その他負債	
商品有価証券		共同保険借	
金銭の信託		再保険借	
有価証券		外国再保険借	
国債		代理業務借	
地方債		売現先勘定	
社債		債券貸借取引受入担保金	
株式		借入金	
外国証券		未払法人税等	
その他の証券		預り金	
貸付金		前受収益	
保険約款貸付		未払金	
一般貸付		仮受金	
有形固定資産		先物取引受入証拠金	
土地		先物取引差金勘定	
建物		借入有価証券	
リース資産		売付有価証券	
建設仮勘定		金融派生商品	
その他の有形固定資産		金融商品等受入担保金	
無形固定資産		リース債務	
ソフトウェア		資産除去債務	
のれん		その他の負債	
リース資産		退職給付引当金	
その他の無形固定資産		役員退職慰労引当金	
その他資産		価格変動準備金	
未収保険料		金融商品取引責任準備金	
代理店貸		繰延税金負債	
外国代理店貸		再評価に係る繰延税金負債	
共同再保険貸		支払承諾	
再保険貸		負債の部合計	
外国再保険貸		（　純　資　産　の　部　）	
代理業務貸		資本金	
未収金		新株式申込証拠金	
未収収益		資本剰余金	
預託金		資本準備金	
地震保険預託金		その他資本剰余金	
仮払金		利益剰余金	
先物取引差入証拠金		利益準備金	
先物取引差金勘定		その他利益剰余金	
保管有価証券		○○積立金	
金融派生商品		繰越利益剰余金	
金融商品等差入担保金		自己株式	△
リース投資資産		自己株式申込証拠金	
その他の資産		株主資本合計	
前払年金費用		その他有価証券評価差額金	
繰延税金資産		繰延ヘッジ損益	
再評価に係る繰延税金資産		土地再評価差額金	
支払承諾見返	△	評価・換算差額等合計	
貸倒引当金		新株予約権	
		純資産の部合計	
資産の部合計		負債及び純資産の部合計	

損益計算書

科　目	金　額	科　目	金　額
経　常　収　益		経　常　利　益（又は経常損失）	
保　険　引　受　収　益		特　別　利　益	
正　味　収　入　保　険　料		固　定　資　産　等　処　分　益	
収　入　積　立　保　険　料		負　の　の　れ　ん　発　生　益	
積　立　保　険　料　等　運　用　益		保　険　業　法　第112条　評　価　益	
為　　　替　　　差　　　益		そ　の　他　特　別　利　益	
そ　の　他　保　険　引　受　収　益		特　別　損　失	
資　産　運　用　収　益		固　定　資　産　等　処　分　損	
利　息　及　び　配　当　金　等　収　入		減　　　損　　　損　　　失	
商　品　有　価　証　券　運　用　益		価　格　変　動　準　備　金　繰　入　額	
金　銭　の　信　託　運　用　益		金融商品取引責任準備金繰入額	
売　買　目　的　有　価　証　券　運　用　益		不　　動　　産　　圧　　縮　　損	
有　価　証　券　売　却　益		そ　の　他　特　別　損　失	
有　価　証　券　償　還　益		税引前当期純利益（又は税引前当期純損失）	
金　融　派　生　商　品　収　益		法　人　税　及　び　住　民　税	
為　　　替　　　差　　　益		法　人　税　等　調　整　額	
そ　の　他　運　用　収　益		法　人　税　等　合　計	
積　立　保　険　料　等　運　用　収　益　振　替		当期純利益（又は当期純損失）	
そ　の　他　経　常　収　益			
経　常　費　用			
保　険　引　受　費　用			
正　味　支　払　保　険　金			
損　　害　　調　　査　　費			
諸　手　数　料　及　び　集　金　費			
満　　期　　返　　戻　　金			
契　　約　　者　　配　　当　　金			
支　払　備　金　繰　入　額			
責　任　準　備　金　繰　入　額			
為　　　替　　　差　　　損			
そ　の　他　保　険　引　受　費　用			
資　産　運　用　費　用			
商　品　有　価　証　券　運　用　損			
金　銭　の　信　託　運　用　損			
売　買　目　的　有　価　証　券　運　用　損			
有　価　証　券　売　却　損			
有　価　証　券　評　価　損			
有　価　証　券　償　還　損			
金　融　派　生　商　品　費　用			
為　　　替　　　差　　　損			
そ　の　他　運　用　費　用			
営　業　費　及　び　一　般　管　理　費			
そ　の　他　経　常　費　用			
支　　払　　利　　息			
貸　倒　引　当　金　繰　入　額			
貸　　　倒　　　損　　　失			
そ　の　他　の　経　常　費　用			

（出所：保険業法施行規則別紙様式第７号）

Q2-4　保険会社の損益計算書

生命保険会社と損害保険会社の損益計算書の違いについて教えてください。

··Answer Point 👆······

- ・生命保険会社と損害保険会社の損益計算書は，全体的な構造に大きな相違はないものの，出再分にかかわる保険料，保険金の表示（総額表示または純額表示）や販売費及び一般管理費に相当する費用の表示区分などが異なります。

（1）保険会社の損益計算書の概要

保険会社の損益計算書は，一般事業会社の損益計算書のように売上総利益や営業損益の利益区分はなく，経常損益や特別損益の利益区分のみが表示されます。

生命保険会社と損害保険会社の損益計算書に関しては，表示科目およびいくつかの科目の計上方法に多少の相違があるものの，その全体的な構造に大きな相違はありません。

経常収益は，保険取引から生じる収益，資産運用から生じる収益およびその他の経常収益から構成され，生命保険会社では，保険料等収入，資産運用収益およびその他経常収益，損害保険会社では，保険引受収益，資産運用収益およびその他経常収益がそれぞれ表示されます。

経常費用は，保険取引から生じる費用，資産運用から生じる費用，販売費及び一般管理費に相当する費用およびその他の経常費用から構成され，生命保険会社では，保険金等支払金，責任準備金等繰入額，資産運用費用，事業費およ

びその他経常費用，損害保険会社では，保険引受費用，資産運用費用，営業費及び一般管理費およびその他経常費用がそれぞれ表示されます。

特別損益の表示には，生命保険会社および損害保険会社で違いはありません。

様式の詳細についてはＱ２-３をご参照ください。

図表2-4 保険会社の損益計算書計上科目の対比

項　　目	生命保険会社	損害保険会社
経常収益		
保険取引から生じる収益	保険料等収入	保険引受収益
資産運用から生じる収益	資産運用収益	資産運用収益
その他の収益	その他経常収益	その他経常収益
経常費用		
保険取引から生じる費用	保険金等支払金	保険引受費用 ^(注)
	責任準備金等繰入額	
資産運用から生じる費用	資産運用費用	資産運用費用
販売費及び一般管理費に相当する費用	事業費	営業費及び一般管理費
その他の費用	その他経常費用	その他経常費用

（注）保険引受費用の内訳として責任準備金繰入額および支払備金繰入額が含まれる。

（2）生命保険会社と損害保険会社の主要な差異の内容

①　保険料の表示（総額表示と純額表示）

生命保険会社の損益計算書上，保険料，保険金は再保険取引による出再金額を控除せず総額表示する一方で，損害保険会社では出再金額控除後の純額で表示します。

これは，損害保険会社においては，正味収入保険料や正味収入保険金が重要な経営指標とされているため，出再金額控除後の純額で表示されているものです。

②　為替差損益の区分計上

上記①に記載のとおり，損害保険会社においては，出再金額控除後の金額で

保険料および保険金を純額表示しますが，受再会社が外国会社の場合には，再保険取引により為替差損益が生じるため，保険引受収益および保険引受費用の内訳項目として保険取引により生じた為替差損益を計上します。

③　販売費及び一般管理費に相当する費用

　保険会社では，一般事業会社における販売費及び一般管理費に相当する費用を事業費といいます。生命保険会社では，損益計算書上，事業費の区分を設けています。一方，損害保険会社では，事業費を損害調査費，諸手数料及び集金費および営業費及び一般管理費の3つに区分し，損害調査費，諸手数料及び集金費を保険引受費用の内訳項目として表示し，営業費及び一般管理費を保険引受費用と並列的に掲記します（事業費の詳細についてはQ3-33参照）。

　損害調査費は，損害保険会社において，保険事故に関する損害調査業務や保険金支払業務に付随して発生する人件費や物件費，税金などを計上する科目ですが，生命保険会社では，保険契約によりあらかじめ保険金額が定められているため，一般に損害保険に比較してこのような費用の重要性はなく，区分表示されません。

　また，生命保険会社では，税金，減価償却費および退職給付引当金繰入額について，その他経常費用の内訳項目として計上されますが，損害保険会社では，損害調査費，営業費及び一般管理費に含めて計上され，附属明細書（有価証券報告書では附属明細表）における明細の内訳として，それぞれの金額が開示されます。

④　契約者配当

　生命保険株式会社では，経常損益区分の下で契約者配当準備金繰入額を計上し，契約者配当支払時においては，契約者配当準備金を取り崩す処理を行います。一方，損害保険会社では，契約者配当準備金の繰入額は責任準備金繰入額に含めて計上し，支払った契約者配当は保険引受費用の内訳項目として契約者配当金として計上します。

⑤　責任準備金繰入額

　生命保険会社では責任準備金等繰入額を損益計算書上，経常費用の内訳項目とし，さらに，その内訳として支払備金繰入額，責任準備金繰入額，契約者（社員）配当金積立利息繰入額を詳細に表示しますが，損害保険会社では，経常費用の内訳項目の１つである保険引受費用の内訳項目として責任準備金繰入額および支払備金繰入額を表示します。

　これは，生命保険は保険期間が長期にわたるのに対し，損害保険会社では保険期間が比較的に短期であることから，相対的に生命保険会社における責任準備金の金額的な重要性が高くなるためと考えられます。

⑥　保険金据置

　生命保険会社では，保険金据置制度における保険金据置受入金を収益とし，保険金据置支払金を費用として，それぞれ，その他経常収益およびその他経常費用の区分にて計上します。損害保険会社においては，一般に保険金据置制度が存在しないため上記の勘定科目は生じません（保険金据置の詳細についてはＱ３-31参照）。

⑦　支払利息，貸倒引当金繰入額の計上区分

　生命保険会社では支払利息および貸倒引当金繰入額を損益計算書上，資産運用費用の内訳項目として表示しますが，損害保険会社では，その他経常費用の内訳項目として表示します。

第**3**章

保険業の会計全般

本章では，保険業の会計に関し，個々の論点を扱います。すべての企業に適用のある一般に公正妥当と認められる企業会計の基準に加え，保険業においては業界特有の会計処理が適用されます。これには，支払備金や責任準備金等といった保険負債項目をはじめ，責任準備金対応債券，代理店貸，再保険および特別勘定等といった保険業特有の項目が含まれます。なお，本Ｑ＆Ａ業種別会計実務シリーズの他の業種と比べ，保険業では資産負債・損益双方に関連する項目が多いため，貸借対照表および損益計算書に分けず，本章でまとめてカバーしています。

1 支払備金

Q3-1 生命保険会社の支払備金

生命保険会社の支払備金とはどのようなものでしょうか。また，会計処理等について教えてください。

Answer Point 👆

- 支払備金は，決算日時点で保険契約に基づく支払事由がすでに発生している契約を対象に金額が計算されます。
- 支払備金には，IBNR備金と普通支払備金とがあり，両者は決算日時点ですでに保険金等の支払事由が発生している点は同じですが，保険会社がその報告を受けているか否かにより，それぞれの算定方法に違いがあります。
- 東日本大震災にかかわるIBNR備金の計上については，例外的な取扱いがなされました。

（1）支払備金とは

支払備金について保険業法では，保険会社は，毎決算期において，保険金，返戻金その他の給付金（以下，「保険金等」という）で，保険契約に基づいて支払義務が発生したものその他これに準ずるものとして内閣府令で定めるものがある場合において，保険金等の支出として計上していないものがあるときは，支払備金を積み立てなければならない，とされています（業法第117条）。

このことから支払備金は，①保険契約に基づいて支払義務が発生したもの，②その他これに準ずるものとして内閣府令で定めるものと大きく2つに分けら

れ，①は普通支払備金，②は保険業法施行規則第72条に定められている既発生
未報告備金，いわゆるIBNR（Incurred But Not Reported）備金と呼ばれます。

　生命保険会社の支払備金の多くは，事故や病気で被保険者が保険期間中に死
亡したときに支払われる死亡保険金や，事故や病気により入院した場合に支払
われる入院給付金，保険契約の解約，失効，解除等の場合に契約者に還付され
る金銭を支払うための解約返戻金備金などで構成されています。

（2）支払備金と責任準備金との異同

　責任準備金は，毎決算期において，未だ保険契約の支払事由は発生していな
いものの，保険契約に基づく将来における債務の履行に備えるため積み立てる
ものです（責任準備金の詳細はQ3-4参照）。

　支払備金と責任準備金は，保険契約準備金として貸借対照表に計上される点
は同じで，勘定科目の性質こそ異なるものの決算日時点で将来発生する金額を
見積もり貸借対照表計上額を決定するという点で共通します。また，支払備金
および責任準備金の会計処理は，期末に一括して洗替方式により行われます。

　他方，支払備金は保険契約の支払事由が発生したことに対して積み立てられ
るものであるのに対し，責任準備金は，保険契約の将来発生する支払事由に備
えて積み立てられる点が異なります。

　なお，支払備金については，計上したにもかかわらず保険金として支払がで
きない場合には，保険業法第95条の消滅時効の規定により，通常，計上してか
ら3年間が経過した時点において，時効処理として支払備金の戻入処理が行わ
れます。

（3）支払備金の算定方法について

　支払備金の算定方法は，保険業法施行規則第73条にて規定されています。

　同条第1項第1号では普通支払備金について規定されており，「保険契約に
基づいて支払義務が発生した保険金等（当該支払義務に係る訴訟が係属してい
るものを含む。）のうち，保険会社が毎決算期において，まだ支出として計上
していないものがある場合は，当該支払のために必要な金額」を計上するもの
とされ，決算日時点において支払事由の発生した保険契約の保険金のうちまだ

支払われていないものを積み立てる必要があります。

　保険会社は，支払事由の報告を受けた場合，保険金の支払にあたり査定部門で個別に有効な保険契約の有無，支払額の査定を実施します。保険金の支払は，支払事由の発生の報告を受けてから保険金の支払対象となる契約の有無を確認し当該報告が支払事由に該当するかどうかを確認してから行われるため，確認の過程で支払事由に該当しないことが判明したときは保険金の支払は行われません。また，確認の結果，保険金として支払う金額が当初の見積りから変動する場合もあります。これらの支払までの一連の作業が決算日をまたいだ場合，個別の支払事由ごとに支払うべき保険金を見積もり普通支払備金として計上します。

　第2号ではIBNR備金について規定されており，「前条に規定するまだ支払事由の発生の報告を受けていないが保険契約に規定する支払事由が既に発生したと認める保険金等について，その支払のために必要なものとして金融庁長官が定める金額」とされ，決算日時点で支払事由が発生しているにもかかわらずその報告が行われていない案件について，過去の実績，データを用いて一定の算定方法により計算された金額を支払備金として計上します。大蔵省告示第234号第1条において生命保険会社のIBNR備金の具体的な計算方法が示されており（図表3-1参照），各生命保険会社はこの方法によりIBNR備金を計算して計上しています。

図表3-1　IBNR備金の計算方法

IBNR備金＝（①＋②＋③）÷3
　①＝前年度末の既発生未報告支払備金積立所要額×（当年度の支払額÷前年度の支払額）
　②＝前々年度末の既発生未報告支払備金積立所要額×（当年度の支払額÷前々年度の支払額）
　③＝前々々年度末の既発生未報告支払備金積立所要額×（当年度の支払額÷前々々年度の支払額）
　（注）既発生未報告支払備金積立所要額…いまだ支払事由の発生の報告を受けていないが保険契約に規定する支払事由がすでに発生したと認める保険金等の金額
　　　　支払額…保険金等の支払額

（4）東日本大震災時の例外処理

　2011年3月11日に発生した東日本大震災は，3月決算を迎える企業の決算にも多大な影響を及ぼしました。生命保険会社においては，その震災により契約者に多くの犠牲者が生じ，支払事由が発生していることが想定されたにもかかわらず，決算日まで約20日しかなかったことから，決算日までその報告の一部しか受けておらず，通常のIBNR備金の算定方法では震災にかかわる既発生未報告備金を十分に計上することが困難な状況となりました。そこで，限られた時間のなかで震災にかかる支払備金をどのように見積もるのかが問題になりましたが，2011年4月28日に金融庁告示第49号が公布されたことにより，大蔵省告示第234号の規定にかかわらず，震災にかかる支払備金については，死亡者数等に基づく合理的な方法により計算した金額とすることができることとされました。その結果，各保険会社は，大蔵省告示第234号の規定により計算したIBNR備金とは別に，東日本大震災にかかるIBNR備金を死亡者数等のデータを利用して計上したものと思われます。

Q3-2 損害保険会社の支払備金：普通支払備金

損害保険会社の普通支払備金とはどのようなものでしょうか。
会計処理等について教えてください。

Answer Point 👆

- 損害保険会社における普通支払備金は，保険業法第117条に基づき積み立てる保険契約準備金であり，決算における重要な見積項目です。
- 普通支払備金は，期末の要積立額と前期の積立額との差額を支払備金繰入額ないし支払備金戻入額として会計処理します。
- 出再保険契約により回収が見込まれる額については，支払備金として積み立てないことができます。
- 普通支払備金への繰入額は，税務上，損金に算入することが認められています。

（1）支払備金の意義，企業会計上の機能

　支払備金は，保険業法第117条，保険業法施行規則第72条および第73条に基づく保険契約準備金であって，決算日までに発生した保険金の支払事由（以下，「保険事故」という）に対して，翌期以降に支払うべき保険金の見積額を積み立てるものです。保険会社が保険事故の報告を受け付けたか否かにより，以下の2種類に分けられます。

　①　**普通支払備金**：保険事故の報告を受け付けた支払義務の見積額
　②　**既発生未報告損害支払備金**：決算日以降に報告を受けるであろう見積額
　企業会計上支払備金は，未払保険金債務を負債として計上するとともに，損

益計算において，現金主義で計上する支払保険金勘定を発生主義へと修正する機能を有しています。支払備金は決算時の調整項目であって，当期の要積立額と前期の積立額との差額を支払備金繰入額ないし支払備金戻入額として会計処理します。

　損害保険会社における既発生未報告損害支払備金については，Q3-3で解説していますので，ここでは損害保険会社の普通支払備金について説明します。

（2）元受保険契約に対する普通支払備金

　元受保険契約に対する普通支払備金は保険事故の案件ごとの見積りの積算値であり，通常，損害調査部門がこの見積業務を担当します。損害調査部門担当者は事案ごとに損害額を査定し保険金額を確定させますが，一般的に生命保険契約に比して支払額の確定までに長期間を要するものが多く，損害保険会社の普通支払備金は，生命保険会社の場合と比べて，より重要性の高い見積項目であるという特徴を有します。実務上は，保険事故の受付け時に過去の統計実績に基づいてあらかじめ事故の種類ごとに算定しておいた初期支払備金を用いて暫定計上し，査定が進んで詳細が明らかになる都度，見積額を更新しています。

　なお，損害保険会社は，信用保証保険等の保険金の支払により契約者（原債権者）から債務者に対する求償権を取得する場合があります。また，火災保険や自動車保険等の保険金の支払により保険の対象となった残存物を取得する場合があります。このような求償権や残存物は保険契約の履行の結果として，損害保険会社が取得する資産ではありますが，損害保険会計上は，回収見込額を支払備金から控除して処理するものとされています。

（3）受再保険契約に対する普通支払備金

　再保険の引受け（受再）にかかる普通支払備金は，通常，再保険担当部門あるいは経理部門が，出再保険会社からの勘定書に基づいて積立てを行います。

　勘定書の網羅的な入手が重要ですが，外国からの受再特約保険等については，会計制度の相違その他の事情により，合理的な努力を払ったとしても勘定

書を入手できない場合があります。保険会社向けの総合的な監督指針においては，このような場合であっても，最近の実績値を勘案して合理的な方法により算出することが可能な場合は，その推計金額を普通支払備金として積み立てることを要請しています。

(4) 出再保険による支払備金の不積立て

保険契約を再保険に付すことにより（出再），支払保険金の一部を受再保険会社から回収できる場合には，保険業法施行規則第73条第3項の規定により，保険会社は再保険に付した部分に相当する支払備金を積み立てないことが許容されています。当該回収可能額については支払備金から控除することになりますが，実質は再保険会社に対する債権として取り扱うことになりますので，支払備金から控除する場合には，その回収可能性を十分に考慮する必要があります。

(5) 税務上の取扱い

税務上は，普通支払備金の積立額について，原則として損金算入が認められています。過度に保守的な積立てを行った場合などは，実績を超えて積み立てた額に対して損金算入限度超過額とみなされる場合があるため留意が必要です。

なお，外国からの受再保険について推計計算による支払備金の積立てを行っている場合にあっても，あらかじめ所轄の国税局長の確認を得ることで，当該推計方法によって算定した金額については損金算入が認められています。

Q3-3　損害保険会社の支払備金：IBNR備金

損害保険会社のIBNR備金（既発生未報告損害支払備金）とはどのようなものでしょうか。生命保険会社のIBNR備金との違い等について教えてください。

Answer Point

- 既発生未報告損害支払備金とは，保険業法施行規則第73条第1項第2号の規定に基づく準備金であって，まだ支払事由の発生の報告を受けていないものの，保険契約に規定する支払事由がすでに発生したと認める未払保険金等の見積額をいい，通称，IBNR備金と呼ばれています。
- 損害保険会社におけるIBNR備金は，規定の算式のみが与えられている生命保険会社のIBNR備金（Q3-1）と異なり，統計的な見積方法により合理的に計算した金額が採用されており，決算における重要な見積要素を含んでいます。
- 税務上は，損金算入限度額の範囲内でIBNR備金への繰入額に対して損金算入が認められています。

（1）既発生未報告損害支払備金の意義，機能および特色

支払備金には，普通支払備金とIBNR備金がありますが，普通支払備金は，保険会社が契約者から保険事故についての報告を受けて個別に見積計上する未払保険金債務であるのに対し，IBNR備金は，決算日現在においてすでに事故が発生しているものの未報告となっている事故にかかる未払保険金債務を一定の方法により一括して見積計上するものです。IBNR備金の名称は，既発生未

報告損害支払備金の英語表記（Incurred But Not Reported）の略称から付けられています。

　保険業法施行規則第73条第１項第２号は，このような既発生未報告損害についても支払備金として積み立てることを要請しており，具体的な積立方法は平成10年大蔵省告示第234号（以下，「告示」という）第２条にて規定しています。

　なお，IBNR備金は，個別の事故情報がないため，過去実績等から全体としての推計によらざるを得ません。過去の普通支払備金の積立額と保険金支払実績の乖離全体が推計計算に織り込まれるため，IBNR備金の推計は，単に未報告案件の損害額について会計上手当てするにとどまらず，過去の実績に基づいて普通支払備金の積立て傾向（積み不足や積み過ぎ）を補正する機能も果たしています。この両機能を区別して説明する場合，前者をIBNYR（Incurred But Not Yet Reported），後者をIBNER（Incurred But Not Enough Recorded）と呼ぶ場合があります。

　損害保険契約は一般に生命保険契約に比して保険事故の発生から支払額の確定に長期間を要するものが多いため，損害保険会社のIBNR備金は，決算における重要な項目であることは，普通支払備金と同様です（Q３-２参照）。このため，告示第２条で定める損害保険会社におけるIBNR備金の計算方法は，告示第１条で定める生命保険会社におけるIBNR備金に比してより精緻であり，計算単位等の取扱いについても詳細に規定しています。

（2）損害保険会社のIBNR備金の計算方法

　損害保険会社のIBNR備金は，保険種類ごとに，それぞれ国内元受，国内受再，外国元受，外国受再等の引受け区分（以下，「計算単位」という）に細分化し，それぞれの計算単位ごとに，その性質に応じて，統計的な見積方法により合理的に計算した金額，あるいは告示に定める算式により計算した金額を積み立てます。

（3）統計的な見積方法により合理的に計算した金額

　保険事故の発生から保険金の支払までに長期間を要し，かつ，金額的に重要な計算単位については，原則として，統計的な見積方法を用いてIBNR備金の

積立額を計算するものとされています。対象となる計算単位はそれぞれ損害保険会社の実績から判定しますが（この判定をスクリーニングといいます），その判定方法については監督指針において規定されています。なお，傷害保険や自動車保険の対人賠償保険などが対象となる場合が多いようです。

　具体的な統計的見積手法については監督指針においても規定されていませんが，決定論的手法であるチェイン・ラダー法やボーンヒュッター・ファーガソン法などの手法が広く知られており，各社において支払保険金の発生状況などから最も適切と考えられる方法を採用することになります。

　チェイン・ラダー法は，事故発生からの経過年度ごとの累計支払保険金（または累計発生保険金）の増加率の実績から，（累計）保険金の近似変動曲線を描き，増加率がゼロとなる最終累計保険金額を推定するものです（図表3-3-1，図表3-3-2参照）。ボーンヒュッター・ファーガソン法は，損害率や経過年度ごとの累計保険金の増加率等の事前予測値からIBNR備金額を推定します。将来予測に足る十分な過去実績データがない場合に有効な方法と考えられます。

　IBNR備金は，事故発生年度ごとに推計された最終累計保険金額から，期末時点における事故年度ごとの累計支払保険金と普通支払備金を差し引いた残額として計算します。

図表3-3-1　チェイン・ラダー法での最終累計保険金額の見積りイメージ

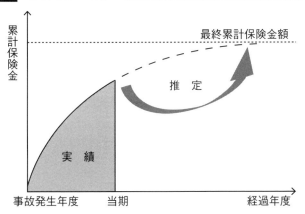

図表3-3-2 チェイン・ラダー法での最終累計保険金額の算出イメージ

		経過年度							
		1	2	3	4	5	6	7	8
事故発生年度	FY2012	998	1,297	1,387	1,414	1,422	1,424	1,425	1,425
	FY2013	1,258	1,661	1,789	1,831	1,844	1,848	1,849	→?
	FY2014	1,341	1,730	1,843	1,875	1,885	1,888	- - - -	→?
	FY2015	1,121	1,469	1,576	1,610	1,620	- - - -	- - - -	→?
	FY2016	1,381	1,795	1,920	1,957	- - - -	- - - -	- - - -	→?
	FY2017	1,355	1,802	1,950	- - - -	- - - -	- - - -	- - - -	→?
	FY2018	1,427	1,798	- - - -	- - - -	- - - -	- - - -	- - - -	→?
	FY2019	1,342	- - - -	- - - -	- - - -	- - - -	- - - -	- - - -	→?

※ 数値は，事故発生年度ごとの累計支払保険金（または累計発生保険金）の実績推移。経過年度ごとの増加率の平均実績等を用いて実績がない箇所の金額を埋めていき，最終累計保険金額を推計する。

（4）告示に定める算式により計算した金額

　スクリーニングの結果，統計的な見積方法によらないと判定された計算単位については，以下の要積立額aによることとされています。ただし，再保険による引受契約や海外における元受契約については，要積立額aによるための十分な情報を入手できない場合があるため，例外的な方法として，要積立額bによることができるものとされています。

① 要積立額a

> 要積立額a＝対象事業年度の前事業年度までの直近3事業年度における
> 既発生未報告損害支払備金積立所要額[注1]の平均額×対象事
> 業年度を含む直近3事業年度の発生損害増加率[注2]

（注1）（各事業年度における）既発生未報告損害支払備金積立所要額
　　　　＝各事業年度の翌事業年度の支払保険金
　　　　＋各事業年度の翌事業年度の普通支払備金
　　　　－各事業年度の普通支払備金
　　　ただし，各事業年度終了の日以前に発生した保険事故を対象とする。

(注2)　対象事業年度を含む直近 3 事業年度の発生損害増加率
　　　　＝対象事業年度を含む直近 3 事業年度の発生損害額[注3] の合計額
　　　　÷対象事業年度の前事業年度までの直近 3 事業年度の発生損害額の合計額
(注3)　発生損害額＝当該事業年度の支払保険金＋当該事業年度の普通支払備金

②　要積立額 b

> 要積立額 b ＝対象事業年度を含む直近 3 事業年度の年間発生保険金[注4] の
> 平均額 $\times \dfrac{1}{12}$

(注4)　年間発生保険金＝各事業年度の支払保険金＋各事業年度の普通支払備金
　　　　　　　　　　　　－各事業年度の前事業年度の普通支払備金

　なお，保険契約を再保険に付すことにより，支払保険金の一部を受再保険会社から回収できる場合において，保険会社は再保険に付した部分に相当する支払備金を積み立てないことが許容されています。実務上は，出再方針に重要な変更がないことを前提に，各算式における支払保険金の代わりに，再保険金を控除した正味支払保険金を当てはめることにより，出再控除後のIBNR備金の積立額を計算します。

(5) 税務上の取扱い

　「損害保険会社の所得計算等に関する法人税の取扱いについて（法令解釈通達）」（課法 2 -24 平成15年12月19日）において，地震保険および自賠責保険を除くIBNR備金に対して，元受保険および再保険の別に与えられた算式に基づき，保険種目別に計算した額を限度として損金算入が認められています。

2 責任準備金

Q3-4 責任準備金とは

責任準備金について教えてください。

Answer Point

- 責任準備金は，保険契約に基づく将来の債務の履行に備えるために積み立てるものです。
- 生命保険会社の責任準備金は，保険料積立金，未経過保険料および危険準備金で構成され，損害保険会社の責任準備金は，普通責任準備金（保険料積立金，未経過保険料），異常危険準備金，危険準備金，払戻積立金および契約者配当準備金等で構成されています。

（1）責任準備金の種類

責任準備金は，保険契約に基づく将来の債務の履行に備えるために積み立てるものであり（業法第116条第1項），貸借対照表では負債に計上されます。

責任準備金の各内訳項目（業規第69条第1項，業規第70条第1項）と本書における関連Qとの関係は，図表3-4-1のとおりです。

損害保険会社が取り扱う自動車損害賠償責任保険，地震保険については，保険業法施行規則第70条の規定によらず，「自動車損害賠償保障法」，「地震保険に関する法律施行規則」に基づき，責任準備金の積立てが必要となります。詳細はQ3-12を参照してください。

図表3-4-1　責任準備金の内訳と本書との関係

生命保険会社			損害保険会社		
内訳	関連Q	備考	内訳	関連Q	備考
保険料積立金	Q3-4 **(2)**		普通責任準備金	Q3-4 **(4)**	
未経過保険料	Q3-4 **(3)**		（保険料積立金）	Q3-4 **(2)**	
払戻積立金	—		（未経過保険料）	Q3-4 **(3)**	
危険準備金	Q3-8 Q3-9	（注1）	異常危険準備金	Q3-11 Q3-12	（注2）
			危険準備金	Q3-8 Q3-9	（注1）
			払戻積立金	Q3-4 **(5)**	
			契約者配当準備金等	Q3-4 **(5)**	

（注1）危険準備金とは，保険契約に基づく将来の債務を確実に履行するため，将来発生が見込まれる危険に備えて計算した金額を計上するものです。なお，第三分野保険の危険準備金については，Q3-9も参照してください。
（注2）損害保険会社が引き受けるリスクの中には，大規模自然災害のように，発生確率は低いが発生した場合には甚大な損害をもたらす性質のものがあり（異常災害リスク），このリスクに対応して積み立てるものが異常危険準備金です。原子力保険の異常危険準備金については，Q3-12も参照してください。

　また，生命保険会社，損害保険会社ともに，将来の債務の履行に支障を来すおそれがあると認められる場合には，算出方法書を変更し，追加して責任準備金を計上する必要があります（業規第69条第5項，業規第70条第3項）。詳細はQ3-9を参照してください。なお，保険料積立金および未経過保険料と保険分野には，図表3-4-2のような関係があります。

図3-4-2　責任準備金（保険料積立金，未経過保険料）と保険分野の関係

生命保険会社		損害保険会社
第一分野	第三分野	第二分野
死亡保険，年金保険等	医療保険，がん保険，介護保険等	火災保険，自動車保険，海上保険等（海外旅行保険を除く）
保険料積立金 未経過保険料	保険料積立金 未経過保険料	未経過保険料

※　第一分野，第二分野，第三分野の詳細は，Q2-2を参照してください。

　生命保険会社では，保険期間が長期にわたる第一分野の商品を中心に取り扱うことから，責任準備金のうち保険料積立金が占める割合が高いという特徴があります。

　一方，損害保険会社では保険期間が短期の商品を中心に取り扱うことや，海外旅行保険を除く第二分野商品の責任準備金は，未経過保険料として区分することとなっている（監督指針Ⅱ-2-1-4（4））ことから，責任準備金のうち未経過保険料が占める割合が高いという特徴があります。

（2）保険料積立金について（主に生命保険会社）

　保険料積立金は，保険契約に基づく債務の履行に備えるため，保険数理に基づき計算した金額を積み立てます（業規第69条第1項第1号，業規第70条第1項第1号イ）。

　保険料積立金の計上金額の契約始期から満期までの軌跡（増減のカーブ）は，商品種類や払込方法によって異なります。ここでは，主な保険商品を紹介し，各商品の保険料積立金について説明します。

① 死亡保険（第一分野商品）

　死亡保険とは，被保険者が死亡した場合に支払われる保険ですが，保険期間が一定期間に定められている定期保険と保険期間が一生続く（死亡時に必ず保険金が支払われる）終身保険があります。

　(a)　定期保険

　保険期間が一定期間に定められており，満期まで生存していれば支払われないことから，満期に近づくほど保険料積立金の計上金額はゼロに近づいていきます。

　保険料を，収支相等の原則（Q1-1参照）から各期の保険料収入と保険金支出が等しくなるよう定めた場合，年齢が高くなるにつれて死亡率が高くなるため，保険料も年齢に応じて高くなります（この場合の保険料を自然保険料という）。このことから，契約者が保険料を平準払いする場合，年齢が若い時期は将来の高齢時の自然保険料を先払いしていることになり（この超過分を保険料積立金として積み立てます），逆に，年齢の高い時期には，こ

の保険料積立金を徐々に取り崩すことになりますので（図表3-4-3参照），保険料積立金（契約者が保険料を平準払いする場合）の計上金額は，図表3-4-4のような軌跡となります。以下，図表中は，保険料積立金を「V」と略します。

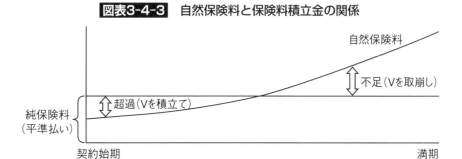

図表3-4-3　自然保険料と保険料積立金の関係

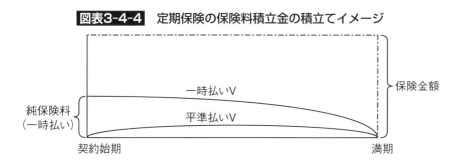

図表3-4-4　定期保険の保険料積立金の積立てイメージ

(b)　終身保険

　定期保険は満期まで生存していれば保険金が支払われないのに対し，終身保険では保険金が必ず支払われることから（人は必ず亡くなります），保険料積立金の計上金額は終身保険の方が定期保険よりも大きくなり，生命表の最終年齢到達時には保険金額と一致します。

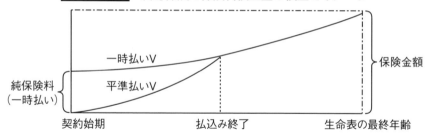

図表3-4-5 終身保険の保険料積立金の積立てイメージ

② 生存保険・生死混合保険（第一分野商品）

　生存保険は被保険者が満期まで生存していた場合に支払われる保険であり，保険料積立金の計上金額は満期時には保険金額と一致します。

　一方，生死混合保険（養老保険）は，定期保険と生存保険を組み合わせた保険であり，被保険者が保険期間中に死亡した場合には死亡保険金として，満期まで生存する場合には満期保険金として，いずれの場合でも支払われますので，保険料積立金の計上金額は，定期保険の保険料積立金の計上金額と生存保険の保険料積立金の計上金額の合計額となります。

　生死混合保険（養老保険）は，保険金が必ず支払われるという点で終身保険と共通していることから，保険料積立金の計上金額の軌跡は終身保険のそれと類似しています。

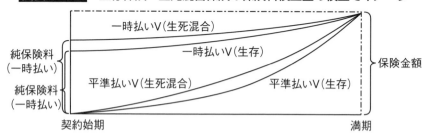

図表3-4-6 生存保険・生死混合保険の保険料積立金の積立てイメージ

③ 個人年金保険（第一分野商品）

　被保険者が一定年齢まで生存していた場合に，年金を支払う保険です。そのため，被保険者が満期まで生存していた場合に支払われる生存保険の一種とも

いえます。個人年金保険には，年金支給期間が定められている確定年金（生死を問わず一定期間支給），有期年金（生存を条件に一定期間支給）および生存する限り支給され続ける終身年金があります。

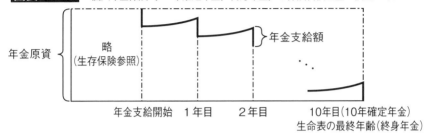

図表3-4-7　個人年金保険（10年確定年金，終身年金）の保険料積立金の積立てイメージ

④　医療保険，がん保険，介護保険など（第三分野商品）

これらは，被保険者が保険期間中に入院や手術などを受けた場合やがんと診断された場合，要介護状態になり一定基準を満たす場合などに保険金や給付金が支払われる保険で，生命保険会社・損害保険会社ともに販売できる商品です。

第三分野の商品も保険料積立金の積立てを行いますが，保険料積立金の計上金額の軌跡は商品の内容によりさまざまです。なお，十分な積立水準を確保することを目的として，「ストレステスト」，「負債十分性テスト」という事後検証の制度があります（第三分野保険の責任準備金については，Ｑ3-9を参照してください）。

（3）未経過保険料について（生命保険会社，損害保険会社）

未経過保険料は，未経過期間（保険契約に定めた保険期間のうち，決算期末において，まだ経過していない期間をいう）に対応する責任に相当する額として計算した金額を積み立てます（業規第69条第1項第2号，業規第70条第1項第1号ロ）。

生命保険会社，損害保険会社ともに，収納した保険料を基礎として期間按分して計算します。ただし，火災保険については，近年大規模な自然災害が増加している一方で，未経過保険料の計算基礎である収入保険料が，火災保険の販

売競争の激化により，必ずしも大規模自然災害も考慮したリスクに十分見合っていないことも懸念されるため，下記の調整割合の分子の金額（リスクに対応するあるべき保険料）が分母の金額を上回っている場合に，リスクに見合う水準に未経過保険料を調整します（業規第70条第1項第1号ロ，大蔵省告示第232号第1条の2）。

$$調整割合 = \frac{(R+E)}{P}（1を下回る場合には調整割合＝1とします）$$

R：大規模自然災害リスクに対応する保険料の額を指し，一定の要件を満たすリスクモデルにより合理的に推計した当該事業年度の支払保険金の期待値（大規模自然災害ファンド）
E：大規模自然災害ファンド以外の既経過保険料の額
P：収入保険料を基礎として計算した当該事業年度に対応する保険料の額

　期間按分（未経過期間の算出）の方法には，図表3-4-8のような計算方法があります。期間按分（未経過期間の算出）の結果，契約者から収納した保険料のうち未経過期間があれば，未経過保険料が計上されるため，前納された場合や一括払いされた場合も，通常の払込方法（年払い，半年払いおよび月払い）と同様に，期間按分して未経過保険料を計算します（Q3-29参照）。ただし，契約者が一時払いした場合には，未経過保険料は計上されず，すべて保険料積立金として積み立てられます（Q3-29参照）。

図表3-4-8　未経過期間の算出方法（未経過保険料）

計算方法	
1/2法	保険契約の始期日はすべて期央と仮定する方法
1/12法	保険契約の始期日はすべて月始または月末と仮定する方法
1/24法	保険契約の始期日はすべて月央と仮定する方法
1/365法	実際の始期日に応じて日割り計算する方法

（4）普通責任準備金について（損害保険会社）

　損害保険会社では，保険料積立金と未経過保険料の合計額と以下の算式で求められる金額（以下，「初年度収支残」という）を比較し，大きい方の金額を普通責任準備金として積み立てます（業規第70条第1項）。

初年度収支残

＝(1)当事業年度における収入保険料（払戻積立金に充てる金額を除く）

－(2)当事業年度に保険料を収入した保険契約のために支出した保険金，

　　返戻金，普通備金

－当事業年度の事業費

　この算式を分解してみると，図表3-4-9のとおりです（簡便のため，普通備金と事業費は考慮外とします）。

図表3-4-9　初年度収支残の内訳

(1)当事業年度の収入保険料（払戻積立金に充てる金額を除く）		－	(2)左記保険料を収納した保険契約に関する保険金	
上記を分解			上記を分解	
①	当事業年度に保険契約が開始した契約にかかる収入保険料		①′	左記に対応する保険金
②	前事業年度に保険契約が開始した契約に関する当事業年度の収入保険料		②′	左記に対応する保険金（大蔵省告示第232号第1条第2項の算式で計算）

　初年度収支残の考え方は，たとえば，①－①′に着目すると，当事業年度に保険契約が開始した契約にかかる収入保険料（収納は当事業年度のみと仮定）から当該契約に関する保険金を控除した金額は，収支相等の原則（Q1-1参照）に基づけば，翌期以降に生じる保険金と同額となるはずであり，この額を将来の債務の履行に備えて，責任準備金として積み立てるというものです。

　実務では，保険業法施行規則第70条第1項，大蔵省告示第232号第1条の算式に基づいて初年度収支残の計算を行いますが，損害保険事故の発生のタイミングや損害額が不確定である点を考慮して，財務の健全性の観点から，初年度では利益が計上されないような計算方法となっています（図表3-4-10を参照してください）。

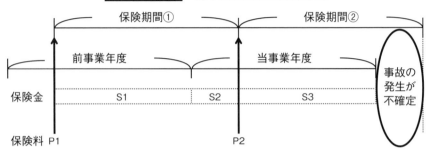

図表3-4-10　初年度収支残の計算方法

	前事業年度 損益計算書	当事業年度 損益計算書
保険料　　　　　（＋）	P1	P2
保険金　　　　　（－）	S1	S2＋S3
責任準備金繰入額　（－）	P1－S1	P2－S3
責任準備金戻入額　（＋）	0	P1－S1
利益	0	P1－S1－S2　←保険期間①の利益と同額

※　前提として，保険料は保険契約（保険期間は1年）の開始時に収納するものとし，普通備金と事業費は考慮外とします。また，初年度収支残の金額を責任準備金として繰り入れるものとし，保険料をP，保険金をSと表します。

（5）払戻積立金および契約者配当準備金等について（損害保険会社）

　払戻積立金については，保険料または保険料として収受する金銭を運用することによって得られる収益の全部または一部の金額を払い戻すような保険契約において，当該払戻しに充てる金額を積み立てます（業規第70条第1項第3号）。

　払戻積立金を計上する商品の代表例としては，積立保険が該当します。積立保険は，保険期間中の事故（火災，傷害など）の補償を行う商品であるとともに，貯蓄性商品としての一面ももちあわせており，保険事故の発生に伴う保険金の支払によって保険契約が消滅していなければ，満期時に満期返戻金を支払う商品です。契約者から収納する営業保険料には，積立保険料が含まれており，保険会社はこれを満期まで運用しますが，満期返戻金の支払に充てるために毎事業年度末に払戻積立金として積み立てます。

　また，積立保険について，保険期間中の運用利回りが予定利率を上回った場合の利差益を配当財源として，配当を行うことがありますが，この契約者配当に充てるために積み立てる準備金が契約者配当準備金です（業規第64条第 1 項，第70条第 1 項第 4 号）。契約者配当は公正かつ衡平に行う必要があり（業法第114条第 1 項），保険計理人が，毎決算期，公正性・衡平性に関する意見書およびその確認方法などを記載した附属報告書を作成し，取締役会に提出しなければならないとされています（業法第121条）。なお，保険計理人についてはQ 1 - 4 を参照してください。

　契約者が満期返戻金を分割払いで受け取ることを選択した場合には配当を行うことがありますが，この配当に充てるために積み立てる金額は，契約者配当準備金に準ずるものとして契約者配当準備金等に含めて積み立てられます。

Q3-5 責任準備金の積立方式

責任準備金の積立方式について，平準純保険料式とチルメル式の違いを教えてください。

Answer Point

- 平準純保険料式とチルメル式は，ともに営業保険料のうち純保険料のみを対象に責任準備金を計算する点や，保険期間全体で，保険給付と純保険料が収支均等となる点では同じですが，純保険料に相当する金額について，保険期間全体を通じて平準とみなすかどうかという点で違いがあります。
- 保険会社の健全性の観点から，制度上は平準純保険料式が原則とされており，チルメル式は，営業開始後間もない会社などに例外的に認められる積立方式となっています。

解 説

（1）平準純保険料式について

標準責任準備金制度において，責任準備金（保険料積立金）の積立方式は，原則として平準純保険料式となっています。また，標準責任準備金制度の対象外の契約についても，平準純保険料式によった場合の金額を下回ることができないとされており，事実上，平準純保険料式での計上が求められています（業規69条第4項第2号）。なお，標準責任準備金制度についてはQ3-6を参照してください。

責任準備金は，「将来の支出現価－将来の収入現価」として計算されますが，平準純保険料式は，契約者から収納する保険料である営業保険料が保険期間を通じて平準（一定額）であるとき，その内訳である純保険料（保険金等の支払

に充てる保険料）と付加保険料（事業費の支払に充てる保険料）も保険期間全体を通じて平準であるとみなして，純保険料を基礎として計算し，積み立てる方式です。

　後述のチルメル式では保険年度によって純保険料が異なるのに対し，この方式では，純保険料は保険期間を通じて平準であることから，特に「平準純保険料式」と呼ばれています。

　平準純保険料式を採用しているかんぽ生命の重要な会計方針の注記をご紹介しましょう。

■かんぽ生命

> 責任準備金は，保険業法第116条の規定に基づく準備金であり，保険料積立金については次の方式により計算しております。
> (i)　標準責任準備金の対象契約については，金融庁長官が定める方式（平成8年大蔵省告示第48号）
> (ii)　標準責任準備金の対象とならない契約については，平準純保険料式
> なお，（以下略）

（出所：2018年3月期有価証券報告書）

(2) チルメル式について

　(1)の平準純保険料式では，保険期間中，純保険料および付加保険料が平準であるとみなして計算しています。付加保険料でまかなうべき事業費が平準的に発生するのであればこの考え方で問題ありませんが，実際は，契約初年度において，営業職員報酬や診査医へ支払う手数料や保険証券作成費用などの新契約費（事業費）が多額に発生することから，平準とみなした場合の付加保険料だけではこれらの新契約費をまかなうことはできず，損益計算上，付加保険料を大きく超過する新契約費の影響を直接受けることになります。

　チルメル式は，このような事業費発生の実態や損益計算への影響を考慮してドイツ人アクチュアリーのチルメル（Zillmer）によって発案された責任準備金の積立方式です。

　チルメル式の場合には，契約初年度の事業費に充てる保険料（付加保険料）として，平準純保険料式の場合では足りない金額を純保険料から借りること

しますので，責任準備金の計算の基礎となる純保険料は平準純保険料式の場合より付加保険料に貸した分だけ小さい金額となります。そして，保険期間全体で，保険給付と純保険料を収支均等とするため，翌年度以降は，責任準備金の計算の基礎となる純保険料は平準純保険料式の場合より，付加保険料から返済を受ける分だけ大きい金額となります。

　なお，チルメル式には，契約初年度に純保険料から借りた部分を返済（償却）する期間に応じて，5年チルメル式，全期チルメル式などの種類があります。

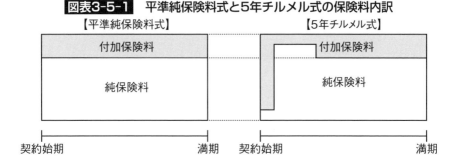

図表3-5-1 平準純保険料式と5年チルメル式の保険料内訳

　このように，チルメル式の方が平準純保険料式と比べて，事業費発生の実態を反映できますが，契約者への支払能力の確保が求められる保険会社の健全性の観点から，制度上は，平準純保険料式が原則的な方法となっており，チルメル式は，営業開始後間もないため新契約費の負担が重荷となる保険会社など，特別に金融庁の認可を得た保険会社のみに限定して採用されています。

　参考に，チルメル式を採用しているライフネット生命の重要な会計方針の注記をご紹介しましょう。

■ライフネット生命

（責任準備金の積立方法）
責任準備金は，保険業法第116条の規定に基づく準備金であり，保険料積立金については保険業法施行規則第69条第4項第4号の規定に基づいて5年チルメル式により計算しております。

（出所：2018年3月期有価証券報告書）

（3）平準純保険料式とチルメル式のまとめ

図表3-5-2　平準純保険料式と5年チルメル式による責任準備金の相違イメージ

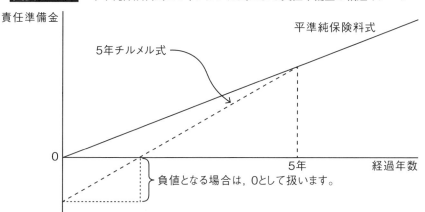

図表3-5-2のとおり，純保険料を基礎として計算を行う責任準備金の金額は，以下のとおりです。

　　平準純保険料式＞5年チルメル式（5年目まで）

　　平準純保険料式＝5年チルメル式（6年目以降）

なお，チルメル式を採用して責任準備金が負値となる場合には，0に持ち上げます（責任準備金の残高をゼロとします）。

【補足】
①　平準純保険料式
　　将来の(事業費)支出現価－将来の(付加保険料)収入現価＝0
②　5年チルメル式
　　将来の(事業費)支出現価－将来の(付加保険料)収入現価≠0（5年目まで）
　　将来の(事業費)支出現価－将来の(付加保険料)収入現価＝0（6年目以降）

Q3-6 標準責任準備金制度

標準責任準備金制度について教えてください。

Answer Point

- 標準責任準備金制度は，保険会社の健全性の維持，保険契約者の保護の観点から設けられたものです。
- 標準責任準備金制度の対象外となる契約がありますので，留意が必要です。
- 標準責任準備金の積立方式と基礎計算率については告示にて定められています。

（1）保険業法による責任準備金制度の義務づけについて

生命保険会社の保険契約においては，通常，加入してから保険金等の支払まで長期間にわたって継続されることから，将来の保険金等の支払に備えるため保険料や運用収益などを財源として保険契約の経過期間に応じて責任準備金を積み立てておく必要があります。

標準責任準備金は，保険会社の健全性の維持，保険契約者の保護の観点から必要と判断される水準の責任準備金であり，1996年4月より施行された保険業法において標準責任準備金制度が導入されました。

保険業法第116条第2項で「長期の保険契約で内閣府令で定めるものに係る責任準備金の積立方式および予定死亡率その他の責任準備金の計算の基礎となるべき係数の水準については，内閣総理大臣が必要な定めをすることができる」と規定されており，長期の保険契約で内閣府令で定めるものについては，責任準備金の積立方式だけでなく計算基礎率についても監督当局が定めていま

す（平成8年大蔵省告示第48号）。

（2）標準責任準備金制度の対象契約について

　標準責任準備金制度の対象となる生命保険会社の保険契約は，保険業法施行規則第68条および大蔵省告示第230号に規定されていますが，そこでは対象となる契約が直接記載されているのではなく，対象外となる契約以外の契約が標準責任準備金制度の対象となると説明されています。

　すなわち，図表3-6の各項目は，保険業法施行規則第68条および大蔵省告示第230号に規定されている保険契約を要約したものであり，標準責任準備金制度の対象外となります。

図表3-6　**標準責任準備金制度の対象外となる保険契約とその例**

	対象外となる保険契約	例
①	責任準備金が特別勘定に属する財産の価額により変動する保険契約	変額保険契約（保険金等が運用に応じて変動する契約）
②	保険料積立金を積み立てない保険契約	払戻積立金を積み立てない保険契約，保険料積立金を計算しない保険契約
③	保険約款において，保険会社が責任準備金および保険料の計算の基礎となる係数を変更できる旨を約してある保険契約	責任準備金および保険料の計算の基礎となる予定利率を変更できる旨を保険約款に規定している契約
④	人の生存または死亡に関し，一定額の保険金を支払うことを約し，保険料を収受する保険にかかる契約以外の保険契約	医療保険契約
⑤	保険期間が1年以下の保険契約	保険期間が1年以下の自動車保険契約
⑥	外国通貨をもって保険金，返戻金その他の給付金の額を表示する保険契約	外国通貨建の保険契約

（3）標準責任準備金の積立方式と基礎計算率について

　責任準備金を計算する方法としては，「平準純保険料式」と「チルメル式」の2種類があります（Q3-5参照）が，大蔵省告示第48号では，財務健全性の観点から，平準純保険料式により責任準備金を積み立てることを定めています。

　一方，新設会社で保有契約に比べて新契約の割合が高く，平準純保険料による積立てが困難な場合などは，平準純保険料式によらず，チルメル式などの他の合理的な方法による積立てが認められています。

　また，大蔵省告示第48号では，計算基礎率のうち予定死亡率は日本アクチュアリー会が作成し金融庁長官が検証したものを適用し，予定利率は告示の算定方法に基づき国債の利回りを基準に決定されます。予定死亡率には死亡保険用，年金開始後用などの生命表をもとに性別，年齢別に算出されます。通常，死亡率が高いと算定される保険料は高くなります。予定利率は，保険料の設定に重要な影響を及ぼす要素であり，通常，保険契約締結時の予定利率が高いと保険料は安くなり，逆に，予定利率が低いと保険契約締結時の保険料は高くなるというトレード・オフの関係にあります。これは，将来発生する保険金等の支払に備えて積み立てられる責任準備金の計算を実施するにあたり，予定利率が低いほど契約開始時に算定される責任準備金の金額は大きくなりますが，予定利率が高い場合は契約開始時に算定される責任準備金の金額が小さくなるためです。

　その結果，契約開始後の実際の運用利回りと保険契約締結時の予定利率の乖離が大きくなると，積み立てるべき責任準備金の金額と実際の運用により発生する収入金額との間に乖離が広がり保険会社の収支に大きな影響を与えることになります。

　さらに大蔵省告示第48号では，特別勘定を設けた保険契約であって，保険金，返戻金その他の給付金の額を最低保証している保険契約については，責任準備金積立方式および予定死亡率等の水準を定めています。

　従来の変額保険は，保険会社の運用実績に応じて受け取る年金額や解約返戻金が増減しますが，最低保証が付いている契約については，運用実績が悪化した時に純保険料の収入原価（保険料収入のうち最低保証の対価として受け取る金額の期待値）が最低保証にかかる支出原価（ファンド残高が最低保証額を下回った場合に支払う金額の期待値）を下回った場合には，将来の支払に備えるために不足額に見合う責任準備金を積み立てる必要があります。

Q3-7　価格変動準備金

価格変動準備金の積立て，取崩しの方法について教えてください。

Answer Point

- 価格変動準備金は，有価証券の運用により将来発生する可能性のある損失に対する事前の備えとして，政策的に計上が要請されている準備金です。
- 価格変動準備金の積立対象資産，積立基準，積立限度額および取崩要件については，保険業法施行規則や告示において詳細に規定されており，積立ては，内閣府令で定める資産について，内閣府令で定めるところにより計算した金額で行われ，取崩しは株式等の売買等による損失の額が株式等の売買等による利益の額を超える場合に行います。

（1）価格変動準備金の計上が求められる理由

　保険業法第115条は，保険会社に対して特定の資産を対象に一定の基準に基づいて算定された価格変動準備金の積立てを求めています。

　これは，有価証券を主たる投資手段としている保険会社にとって，価格変動によって保有する有価証券から発生する損失により経営の財務基盤が不安定になることは望ましくないという趣旨から，有価証券の運用により将来発生する可能性のある損失に対する事前の備えとして政策的に計上が要請されているものです。

　したがって，価格変動準備金は，引当金のような会計上の負債の性格を有す

る科目ではなく，あくまで保険業法に基づき設けられた科目であるため，特別法上の準備金として負債計上することになります。

(2) 積立対象資産，積立基準，限度額について

価格変動準備金の積立対象資産，積立基準，限度額については，別途，保険業法施行規則第65条および第66条に定められています。

なお，平成10年大蔵省告示第229号において，保険業法施行規則第65条の第1号から第4号に該当する資産について具体的に規定されています。

また，保険業法施行規則第66条では，価格変動準備金の計算について定めており，保険業法施行規則第65条で定められた資産区分に対して，それぞれ積立基準および積立限度を定め，毎期決算において，それぞれの資産区分に応じた積立基準を乗じて算定された金額を積み立てなければならないとされています。

図表3-7-1 価格変動準備金の積立対象資産と積立基準および積立限度

対象資産	積立基準	積立限度
国内の法人の発行する株式その他の金融庁長官が定める資産	1.5/1,000	100/1,000
外国の法人の発行する株式その他の金融庁長官が定める資産	1.5/1,000	75/1,000
邦貨建の債券その他の金融庁長官が定める資産（ただし，財務諸表等規則 (注) 第8条第21項に規定するものは除くことができる）	0.2/1,000	10/1,000
外貨建の債券，預金，貸付金等外国為替相場の変動による損失が生じ得る資産その他の金融庁長官が定める資産	1/1,000	50/1,000
金地金	3/1,000	125/1,000

（注）財務諸表等の用語，様式及び作成方法に関する規則

要約すると，積立対象資産は，国内株式，外国株式，国内債券，外国債券，金地金などであり，その多くが貸借対照表の有価証券勘定に計上されています。

さらに，平成10年大蔵省告示第229号は，価格変動準備金の対象となる資産を詳細に定めています。

図表3-7-2 価格変動準備金の対象となる資産

業規第65条	金融庁長官が定める資産
第1号	一　国内の法人の発行する株式及び新株予約権証券 二　国内の法人に対する出資，優先出資及び預託を表示する証券又は証書 三　国内の法人の発行する株式に係る証券投資信託の受益証券，金銭の信託の受益権を表示する証券又は証書及び貸付有価証券 四　商品投資受益権を表示する証券又は証書 五　その他前各号に掲げるものに準ずる資産
第2号	一　外国の法人の発行する株式及び新株予約権証券 二　外国の法人に対する出資，優先出資及び預託を表示する証券又は証書 三　外国の法人の発行する株式に係る証券投資信託の受益証券，金銭の信託の受益権を表示する証券又は証書及び貸付有価証券 四　その他前3号に掲げるものに準ずる資産
第3号	一　償還元本が邦貨建の債権 二　償還元本が邦貨建の債権に係る証券投資信託の受益証券，金銭の信託の受益権を表示する証券又は証書及び貸付有価証券 三　その他前2号に掲げるものに準ずる資産
第4号	一　償還元本が外貨建の債券 二　償還元本が外貨建の債券に係る証券投資信託の受益証券，金銭の信託の受益権を表示する証券又は証書及び貸付有価証券 三　償還元本が外貨建の預金 四　償還元本が外貨建の貸付金 五　償還元本が外貨建の貸付債権信託の受益証券 六　その他前各号に掲げるものに準ずる資産

　なお，保険業法第115条では，「ただし，その全部又は一部の金額について積立てをしないことについて内閣総理大臣の認可を受けた場合における当該認可を受けた金額については，この限りでない。」とされています。

　また，保険業法施行規則第67条では，保険会社の業務または財産の状況等に照らしてやむを得ない理由があるときは，金融庁長官の認可を受けて価格変動準備金のその全部または一部の金額について積立てをしないことができるものとされています。

（3）取崩要件について

　価格変動準備金の取崩しについては，保険業法第115条第2項で，株式等の売買等による損失と利益を比較して損失の方が大きい場合にその差額相当について価格変動準備金を取り崩すことができることが定められています。

　なお，保険業法施行規則第67条では，保険会社の業務または財産の状況等に照らしてやむを得ない理由があれば，金融庁長官の認可を受けて取り崩すこともできるとされています。

Q3-8　危険準備金

危険準備金の積立て，取崩しの方法について教えてください。

Answer Point

- 危険準備金は責任準備金の1つとして通常の予測を超える範囲のリスクをカバーするために積み立てるものです。
- 対応するリスクの種類ごとに積立て，取崩しの方法が定められています。

解説

（1）危険準備金の積立てが保険業法で定められている理由

　保険会社は保険業法において，責任準備金の1つとして危険準備金を積み立てることが義務づけられています。積立てが求められる理由は，保険料積立金および未経過保険料の積立てではカバーしきれない通常の予測の範囲を超えるリスクに対応するためです。

（2）危険準備金の区分

　危険準備金は，図表3-8-1のとおり，対応するリスクごとに4つに区分して積み立てることが保険業法施行規則第69条第6項および同第70条第5項において定められています。

図表3-8-1　危険準備金の区分と積立てが必要な会社

	対応するリスク	リスクの詳細	積立てが必要な会社	
危険準備金Ⅰ	保険リスク	第一分野保険の死亡率等が通常の予測と異なることにより損失が生じるリスク	生命保険会社	
危険準備金Ⅱ	予定利率リスク	実績の運用利回りが予定利率を下回ることにより損失が生じるリスク	生命保険会社	損害保険会社
危険準備金Ⅲ	最低保証リスク	保険金等の額を最低保証している変額保険において特別勘定の運用が悪化して損失が生じるリスク	生命保険会社	
危険準備金Ⅳ	第三分野保険の保険リスク	第三分野保険の疾病等の事故発生率が通常の予測を超えることにより損失が生じるリスク	生命保険会社	損害保険会社

(3) 危険準備金の積立て，取崩しの方法

　危険準備金の積立て，取崩しについては平成10年大蔵省告示第231号に定められています。積立ての方法として，決算期末に危険準備金として繰り入れる金額の下限（積立基準）と危険準備金の残高の上限（積立限度）が危険準備金の区分ごとに定められています。取崩しは危険準備金の区分ごとに対応するリスクが顕在化した場合にその損失をてん補する場合に取り崩すことが認められています。具体的には図表3-8-2のとおりとなります。

　保険会社の業務または財産の状況に照らしてやむを得ない事情がある場合にはこれらの方法以外での積立て，取崩しが認められています。ただし，その場合には金融庁長官への届け出が必要です。

図表3-8-2　危険準備金の積立て，取崩しの方法

	積立基準	積立限度	取崩基準
危険準備金Ⅰ	以下の合計額 • 普通死亡リスク 　普通死亡の危険保険金額の増加額×0.06% • 生存保障リスク 　個人年金の責任準備金の増加額×1% • その他のリスク 　算出方法書に定める額	以下の合計額 • 普通死亡リスク 　普通死亡の危険保険金額×0.06% • 生存保障リスク 　個人年金の責任準備金の額×1% • その他のリスク 　算出方法書に定める額	死差損がある場合において，死差損のてん補に充てるとき以外，取り崩すことができない。
危険準備金Ⅱ	以下の合計額 • 予定利率ごとに定められる係数を責任準備金に乗じた額の増加額 • 利差益の額×5%	以下の合計額 • 予定利率ごとに定められた係数を責任準備金に乗じた額 • 責任準備金の額×3%	利差損がある場合において，利差損のてん補に充てるとき以外，取り崩すことができない。
危険準備金Ⅲ	最低保証に係る収支残の額（最低保証に係る収支残とは，保険金等の額を最低保証する保険契約について，最低保証のために徴収した保険料から最低保証している保険金等を支払うために負担した額を控除した額）	保険金等の額を最低保証する保険契約の責任準備金の額×6%	最低保証に係る収支残が負の場合に収支残のてん補に充てるとき以外，取り崩すことができない。
危険準備金Ⅳ	以下の合計額 • ストレステストにより決定される額 • 災害死亡リスク 　災害死亡の危険保険金額の増加額×0.006% • 災害入院リスク 　災害入院日額の増加額×予定平均給付日数×0.3% • 疾病入院リスク 　疾病入院日額の増加額×予定平均給付日数×0.75% • その他のリスク 　算出方法書に定める額	以下の合計額 • ストレステストにより決定される額 • 災害死亡リスク 　災害死亡の危険保険金額×0.006% • 災害入院リスク 　災害入院日額×予定平均給付日数×0.3% • 疾病入院リスク 　疾病入院日額×予定平均給付日数×0.75% • その他のリスク 　算出方法書に定める額	死差損がある場合において，死差損のてん補に充てるとき以外，取り崩すことができない。

（注1）危険保険金額は，保険金額から保険料積立金を引いた金額のことをいいます。
（注2）ストレステストについては，Q3-9で解説します。

Q3-9　第三分野保険の責任準備金

第三分野保険の責任準備金の積立てルールや事後検証等について教えてください。

Answer Point

- 第三分野保険とは，「医療保険」，「がん保険」や「介護保険」等，人が疾病や傷害を受けたこと等を事由として保険金が支払われる保険です。
- 第三分野保険は，責任準備金の十分な積立水準を確保することを目的として，事後検証に基づいた「ストレステスト」，「負債十分性テスト」を実施する制度が定められています。
- 「ストレステスト」，「負債十分性テスト」の結果，責任準備金に不足があれば追加的な積立てが行われます。

解説

（1）第三分野保険の内容

「定期保険」や「年金保険」等の人の生死に関して保険金を支払う保険を第一分野保険，「火災保険」や「自動車保険」等の偶然事故により生じる損害を補償する保険を第二分野保険と呼びます。「医療保険」，「がん保険」や「介護保険」等はその中間に位置することから「第三分野保険」と呼ばれています。

第三分野保険は，医療政策等の外的要因や保険契約者の想定外の行動の影響を受けやすく，また，わが国では終身保障タイプの商品が多いこと等から長期的な不確実性を内在しています。さらに，第三分野保険は商品内容が多種多様であり，保険事故発生率について標準死亡率や参考純率といった標準的な指標が存在しません。その結果，標準責任準備金の計算基礎の1つである保険事故

発生率は各社の判断に委ねられています。一方，危険準備金については，リスク係数が一律・機械的に定められているため，多種多様な第三分野保険のリスクが適切に反映されないという問題があります。このような状況に対応するため，2006年度決算より，従来からの標準責任準備金制度に加えて，責任準備金の十分な積立水準を確保する事後検証の仕組みとして，第三分野保険の保険事故発生率の不確実性に焦点を当てた「ストレステスト」および「負債十分性テスト」が導入されました（平成10年大蔵省告示第231号）。

(2) ストレステストの内容

「ストレステスト」は毎決算期に，商品ごとにあらかじめ設定した予定事故発生率が十分なリスクをカバーしているか確認するものです。以下，具体的な実施方法を解説します。

テスト実施期間は10年間とし，実績の保険事故発生率等に基づいて次の2つの発生率を予測します（図表3-9-1参照）。

- 保険事故発生率に関するリスクの99％をカバーする発生率（危険発生率A）
- 保険事故発生率に関するリスクの97.7％をカバーする発生率（危険発生率B）

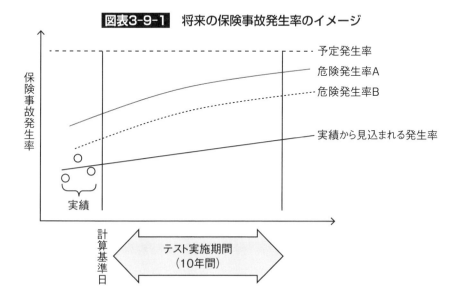

図表3-9-1　将来の保険事故発生率のイメージ

　この危険発生率Aに基づいて将来発生する保険金の給付額のテスト実施期間にわたる合計金額（以下，「将来給付金額A」という）と予定発生率に基づいて将来発生する保険金の給付額の合計金額（以下，「将来給付金額P」という）を比較して，将来給付金額Pが将来給付金額Aより大きければ保険料積立金が十分と判断されます（図表3-9-2　ケースI）。逆に，将来給付金額Pが将来給付金額Aより小さければ，保険料積立金が不十分と判断され危険準備金を積み立てることが必要となります。

　必要な危険準備金の積立金額は，危険発生率Bに基づいて将来発生する保険金の給付額のテスト実施期間にわたる合計金額（以下，「将来給付金額B」という）と将来給付金額Pを比較し，将来給付金額Pが将来給付金額Bより大きければ，「将来給付金額A－将来給付金額P」とし（図表3-9-2　ケースII），逆に，将来給付金額Pが将来給付金額Bを下回っていれば，「将来給付金額A－将来給付金額B」となります（図表3-9-2　ケースIII）。

　ここで，ケースIIIの将来給付金額Pが将来給付金額Bを下回っていた場合は，保険料積立金で対応すべき「通常の予測の範囲内のリスク（リスクの97.7％）」に対応できないおそれがあると判断され，次に解説する負債十分性テストを行うことになります。

図表3-9-2　ストレステストのイメージと危険準備金の積立て

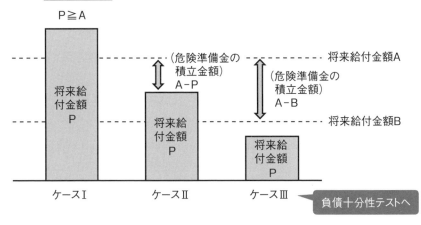

　なお，第三分野の保障内容やリスクの範囲が多岐にわたっており，商品により異なっていることから，保険事故発生率の将来予測において，どのようなモデルを設定するかは，保険会社で合理的に見込むこととされています。

(3) 負債十分性テストの内容

　保険料積立金の十分性について検証する「負債十分性テスト」は，将来の収入支出全体の動向を踏まえたうえで実質的な不足が生じているのかを判断する必要があるため，10年間の将来収支分析（Q3-10参照）により行われます。ここで，保険金等の支出は危険発生率Bに基づいて設定します。

　この将来収支分析の結果，資産が保険料積立金を下回る場合は積立不足と判断し，不足額の現在価値の最大値を計算基準年度において積み立てる必要があります。

Q3-10 将来収支分析

将来収支分析とはどのようなものでしょうか。

Answer Point

- 将来収支分析とは，現在の責任準備金の積立水準が将来的にも十分であるか，または，保険業の継続が困難とならないかについて，保険会社の保険計理人が確認を行うための分析手法です。
- 将来収支分析の具体的な方法は，公益社団法人日本アクチュアリー会が作成し，金融庁長官が認定した生命保険会社および損害保険会社の「保険計理人の実務基準」で規定されています。
- 上記のほか，消滅時配当を行う有配当契約を保有している生命保険会社では，配当財源確認のための将来収支分析を行います。

解説

(1) 将来収支分析とは

将来収支分析とは，保険会社の保険計理人が，金融庁長官が認定した基準に基づき，将来の収支を保険数理に基づき合理的に予測した結果，現在の責任準備金の積立水準が将来的にも十分であるか，または，保険業の継続が困難とならないかについて確認を行うための分析手法です。

(2) 保険計理人の実務基準

保険会社は取締役会において保険計理人を選任し，保険料の算出方法等「保険数理に関する事項」に関与させなければならず，また，保険計理人は責任準備金が健全な保険数理に基づいて積み立てられているか，ならびに保険業の継続が困難とならないかについて確認しなければならないことが保険業法で規定

されています。

　保険計理人が確認する際の具体的な方法は生命保険会社および損害保険会社の「保険計理人の実務基準」で規定されています。この基準は，日本アクチュアリー会が作成し，金融庁長官が認定したものです。

（3）1号収支分析

　「生命保険会社の保険計理人の実務基準」では，将来収支分析を行い，将来の資産の状況等を考慮して責任準備金の積立水準が十分であることを確認することとされています。保険業法第121条第1項第1号に基づくため，この将来収支分析は「1号収支分析」と呼ばれており，以下のいずれかの方法で確認します。

①　方法1

　確率論的に作成したシナリオのうち，90％以上のシナリオにおいて，分析期間中の最初の5年間の事業年度末において標準責任準備金または算出方法書に定める責任準備金の積立てが可能かどうか。

②　方法2

　複数のシナリオ（「決定論的シナリオ」といいます）のすべてにおいて，分析期間中の最初の5年間の事業年度末において標準責任準備金または算出方法書に定める責任準備金の積立てが可能かどうか。

（4）3号収支分析

　「生命保険会社の保険計理人の実務基準」では，将来収支分析を行い，将来の時点における資産の額として合理的な予測に基づき算定される額が，当該将来の時点における負債の額として合理的な予測に基づき算定される額を上回ることを確認することにより，保険業の継続が困難とならないかを確認することとされています。

　この確認は保険業法第121条第1項第3号に基づくため，この将来収支分析は「3号収支分析」と呼ばれています。

(5) 消滅時配当に関する収支分析

「生命保険会社の保険計理人の実務基準」では，最終精算として消滅時配当を支払う契約について代表契約を選定し，保険契約の貢献度に基づき配当を確認することとされています。具体的には，翌年度の通常配当の水準が翌々年度以降も継続するとした場合に，代表契約の将来の「保険契約の貢献度から責任準備金を控除したもの」から「会社の健全性を維持するために必要な額」を差し引いたものが，正となっていることを確認することとされています。

なお，この将来収支分析は保険業法第121条第1項第2号に基づきますが，「2号収支分析」とは呼ばれません。

(6) 損害保険会社の状況

生命保険会社と同様に，損害保険会社においても1号収支分析と3号収支分析があり，「損害保険会社の保険計理人の実務基準」に則って将来収支分析を行うこととされています。

(7) 諸外国の状況

米国では，アポインテド・アクチュアリー（Appointed Actuary）と呼ばれるアクチュアリーがキャッシュ・フロー・テスト（資産十分性分析：Asset Adequacy Analysis）を行い，責任準備金の積立状況を確認することとされています。

Q3-11 損害保険会社の異常危険準備金

損害保険会社の異常危険準備金とはどのようなものでしょうか。

Answer Point

- 異常危険準備金は，保険業法施行規則の要請により，損害保険会社および外国損害保険会社（以下，「損害保険会社等」という）が異常災害による損害のてん補に充てるために責任準備金の内訳の1つとして積み立てるものです。
- リスクの種類ごとに積み立てる危険準備金（Q3-8参照）と異なり，異常危険準備金は保険種類ごとに正味収入保険料の一定割合を積み立てます。
- 異常危険準備金は，会計年度内に異常災害損害率を超える保険金支払実績が生じた場合に，異常災害損害率を超える部分に相当する額を取り崩します。

解説

（1）異常危険準備金の意義

　損害保険会社等が引き受けるリスクの中には，大型台風がもたらす大規模自然災害のリスクのように，発生確率は低いが発生した場合には甚大な損害をもたらす性質のものがあります。このような単年度では大数の法則（注）が機能しない異常災害リスクへの対応として，保険業法施行規則第70条第1項第2号の規定により，あらかじめ複数年度にわたって積み立てておく準備金が異常危険準備金です。1953年に法人税法施行規則において損害保険会社等に関して規定されたことを発端としており，現在でも租税特別措置法の規定により，積立額の一部ないし全部について損金算入が認められています。

（注）大数の法則とは，個々の経済主体にとっては全くの偶然と思われる事故も，多数の経済主体を対象とした場合には，事故は一定の確率に収斂するという法則であり，保険制度の基礎をなす法則です。

(2) 異常危険準備金の積立方法

異常危険準備金の積立方法は，平成10年大蔵省告示第232号第2条で具体的に定められています。前事業年度の積立額から下記**(3)**の取崩額を控除し，下記**(4)**の繰入額を加算して計算するものとされています。

(3) 異常危険準備金の取崩額

保険種類群の区分ごとの損害率が，図表3-11-1に記載の異常災害損失と認められる損害率（以下，「異常災害損害率」という）を超える損害が生じた場合に，異常災害損害率を超える部分に相当する額を取り崩します。なお，金融庁長官へ届け出て，他の合理的かつ妥当な方法によることもできます。

(4) 異常危険準備金の繰入額

各社が「保険料及び責任準備金の算出方法書」（以下，「算方書」という）で定める「積立上限額」を限度として，事業年度ごとに，算方書に定める正味収入保険料の一定割合と，租税特別措置法施行令第33条の2および3に規定する損金算入限度額（正味収入保険料に対する割合として規定されている。図表3-11-2参照）のいずれか大きい額（以下，「基準額」という）以上の額を繰り入れるものとされています。

基準額を上回る繰入れを行う場合には金融庁長官への届出が必要ですが，残高率が図表3-11-1に記載の残高率を上回らない場合には，届出なしに基準額の150%までの繰入れが認められています。

図表3-11-1 異常災害損失と認められる損害率

保険種類群	保険種類	残高率	異常災害損失
船舶・航空	船舶保険，航空保険	50%	損害率が80%を超える損害
火災・積荷・運送	火災保険，積荷保険，運送保険，風水害保険，賠償責任保険，建設工事保険，動産総合保険	35%	損害率が50%を超える損害
自動車・傷害・新種	自動車保険，傷害保険，新種保険（風水害保険，賠償責任保険，建設工事保険，動産総合保険，介護費用保険，原子力保険，生命再保険及び保証証券業務に係る保証を除く。）	15%	損害率が50%を超える損害
介護費用	介護費用保険	15%	損害率が50%を超える損害
保証証券業務に係る保証	保証証券業務に係る保証	15%	損害率が50%を超える損害
原子力	原子力保険		正味支払保険金
生命再保険	生命再保険		損害率が100%を超える損害

（注）
1　残高率＝異常危険準備金÷正味収入保険料
2　損害率＝正味支払保険金÷正味収入保険料
3　地震保険，自賠責保険は，対象外です。
（出所：平成10年大蔵省告示第232号別表）

図表3-11-2 租税特別措置法施行令第33条の2および3に定める損金算入限度額（正味収入保険料に対する割合）

保険種類群	保険種類	損金算入限度額
船舶・航空	船舶保険，航空保険	3%
火災・積荷・運送	火災保険，積荷保険，運送保険，風水害保険，賠償責任保険，建設工事保険，動産総合保険	2%
原子力	原子力保険	50%

（5）火災保険の異常危険準備金繰入額の特例

　風災，水災，地震による大規模自然災害リスクに対応するため，火災保険の「最低限度額」および「積立上限額」については，以下によるものとされています。

①　最低限度額

　原則として，30年に一度の確率で発生する大規模自然災害を超える規模の災害が生じた場合に取り崩すことになるであろう，異常危険準備金の期待値相当額を下回らない額とされています。期待値は，リスクモデルにより合理的に推計される係数を基礎として計算するものとされており，実務上は，損害保険料率算出機構が各社の保有契約データに基づき受託計算しています。

②　積立上限額

　70年に一度の確率で発生する大規模自然災害（1959年の伊勢湾台風規模の災害）の推定正味支払保険金を下回らない額とされています。

　なお，積立額が上記の推定正味支払保険金の額に満たない場合には，当該金額に達するよう合理的な積立計画を策定し，当該計画に従った積立てを行うことが要請されています。

Q3-12　地震・自賠責・原子力の責任準備金

損害保険会社の地震，自賠責，原子力の責任準備金の積立方法について教えてください。

Answer Point

- 地震保険および自賠責保険は，ノーロス・ノープロフィットの原則で運営されており，これらの責任準備金制度は，一般の損害保険とは異なり特別な制度となっています。
- 原子力保険は，ノーロス・ノープロフィットではないため，その責任準備金制度は特別なものではありませんが，異常危険準備金に特徴があります。

（1）地震保険の責任準備金

①　地震保険の特徴

地震保険は，通常の火災保険では免責（損害保険会社が保険金支払責任を負わない）とされている地震・噴火・津波を原因とする，住宅または家財の損害を補償する専用の保険です。

1964年に発生した新潟地震が契機となって1966年に制定された「地震保険に関する法律」により創設されました。

②　地震保険の責任準備金

地震リスクは，発生確率が非常に低いもののいったん起こった場合その損害が甚大になるため，保険の基礎である大数の法則が短期間では働きにくいという性質を有しており，政府の再保険をはじめとして，一般の損害保険とは異な

る枠組みで運用されている公共性の強い保険です。したがって，会計的にも保険会社に利益も損失も生じさせないというノーロス・ノープロフィットの原則の下で運営されています。

　ノーロス・ノープロフィットの原則で運用されていることから，地震保険の責任準備金制度は，一般の損害保険とは異なる特別な制度となっています（地震保険と，次項で述べる自賠責保険の責任準備金は，損害保険会社の責任準備金を規定している保険業法施行規則第70条の対象外となっています）。

　具体的には，地震保険に関する法律施行規則第7条により，危険準備金の積立てと取崩しは次のとおり行われます。

- (a) 正味保険料から正味事業費を差し引き，地震保険に係る資産の運用益を加えたものを毎年危険準備金として積み立てます。
- (b) また，正味支払保険金・支払備金に相当する額等を毎年危険準備金から取り崩します。

（2）自賠責保険の責任準備金

① 自賠責保険の特徴

　自賠責保険（自動車損害賠償責任保険）および自賠責共済（自動車損害賠償責任共済）は，以下の目的を有する保険（共済）です。

> 交通事故による被害者を救済するため，加害者が負うべき経済的な負担を補てんすることにより，基本的な対人賠償を確保すること

（出所：国土交通省自賠責保険（共済）ポータルサイト「自賠責保険（共済）とは」）

　自動車損害賠償保障法第5条の規定により，運行の用に供するすべての自動車（原動機付自転車を含みます。以下本問において同様です）には，自賠責保険（共済）契約の締結が義務づけられています。このため，自賠責保険は強制保険の1つとされています。

② 自賠責保険の責任準備金

　上記のように，運行の用に供するすべての自動車は自賠責保険（共済）の締結が義務づけられていますが，保険会社（共済組合）も，正当な理由がある場

合を除き，自賠責保険（共済）契約の締結を拒絶できません（自動車損害賠償
保障法第24条）。

このように，自賠責保険も地震保険と同様に公共性の強い保険であることか
ら，ノーロス・ノープロフィットの原則の下で運営されています。

したがって，自賠責保険も，一般の損害保険とは異なる特別な責任準備金制
度を有しています。具体的には，自動車損害賠償保障法第28条の3第1項に規
定する準備金の積立て等に関する命令第1条および第2条の規定に基づき，以
下の4種類の準備金を積み立てています。

図表3-12　自賠責保険の責任準備金

名称	概　　要
義務積立金	純保険料から実際の保険金や支払備金等を控除した収支残を，保険契約日の属する事業年度から第4年度末までの間，契約年度ごとに区分し積み立てます。
調整準備金	義務積立金のうち，保険契約日の属する事業年度開始の日から5年経過したものを調整準備金に繰り入れ（赤字の場合は取り崩し）ます。
付加率積立金	付加保険料から実際の経費等を控除した収支残およびその運用益を，積み立て（赤字の場合は取り崩し）ます。
運用益積立金	純保険料部分から生じた運用益を積み立て（赤字の場合は取り崩し）ます。赤字のてん補および運用益拠出金（自動車事故被害者保護の増進に資する施策に活用するための拠出金）の拠出以外には取り崩しません。

(3) 原子力保険の責任準備金

① 原子力保険の特徴

原子力保険は，「原子力施設を保険の目的とする保険又は原子力施設の事故
により生じた損害を賠償する責任に関する保険」（業法第101条）です。

② 原子力保険の責任準備金

原子力保険は，ノーロス・ノープロフィットの原則で運用されていないため，
その責任準備金制度は特別なものではありませんが，原子力という特殊なリス

クを担保する保険であることから，異常危険準備金に以下のような特徴があります。

(a) 取崩しの基準となる異常災害損失が，「損害率××％を超える損害」ではなく，「正味支払保険金」そのものとなっていること（一般の損害保険と同じ表現を当てはめるとすると「損害率０％を超える損害」となります）

(b) 算入限度額（正味収入保険料に対する割合）が50％と他の保険に比べて高いこと

3　契約者（社員）配当準備金

Q3-13　契約者（社員）配当準備金とは

　保険会社の契約者（社員）配当準備金とはどのようなものでしょうか。

Answer Point

- 契約者（社員）配当準備金は，保険契約者に対する配当の支払いに充てるための準備金です。
- 契約者（社員）配当を行う場合は，計算された配当金を契約者（社員）配当準備金として積み立てることとされています。
- 契約者（社員）配当準備金の繰入れは，相互会社では剰余金処分として行われるのに対し，株式会社では損益計算書上の費用として計上されます。

解 説

（1）社員配当と契約者配当

　保険会社が剰余金（利益）を保険契約者へ分配することを，相互会社では社員配当といい，株式会社では契約者配当といいます。

　相互会社では，保険契約者が社員（会社の所有者）も兼ねるため，剰余金は保険契約者すなわち社員への配当に充てられます。一方，株式会社では，保険契約者ではなく株主が会社の所有者となるため，利益を契約者だけではなく株主に対しても配当として支払うことになります。

（2）契約者（社員）配当の計算方法

　剰余金の分配は，公正かつ衡平に行わなければならず（業法第55条の2，第114条第1項），そのための具体的な契約者（社員）配当の計算方法として，保険契約の特性に応じて設定した区分ごとに，契約者（社員）配当の対象となる金額を計算し，図表3-13-1に記載したいずれかの方法またはそれらの併用により算定します（業規第30条の2，第62条）。

　同図表中，2号の配当の計算方法は，「利源別配当方式」と呼ばれており，実務において広く採用されています。この方式では，保険料計算の基礎となる3要素に対応した配当金（利差益配当，死差益配当および費差益配当）が計算されます。

　なお，分配（契約者（社員）配当）が公正かつ衡平かどうかについて，保険計理人が確認することが義務づけられています（Q1-4参照）。

図表3-13-1　契約者（社員）配当金の計算方法

保険業法施行規則第30条の2および第62条	1号	保険料およびその運用収益から，保険金，返戻金その他の給付金の支払，事業費の支出その他の費用等を控除した額に応じて分配する方法
	2号（利源別配当方式）	分配（契約者（社員）配当）の対象額を発生原因ごとに把握し，それぞれ各保険契約の責任準備金，保険金その他の基準となる金額に応じて計算した額を分配する方法
	3号	分配（契約者（社員）配当）の対象額を保険期間等により把握し，各保険契約の責任準備金その他の基準となる金額に応じて計算した額を分配する方法
	4号	その他前3号に掲げる方法に準ずる方法

（3）契約者（社員）配当準備金の積立て

　契約者（社員）配当を行う場合は，上記の方法によって決算期末に契約者（社員）配当金を計算し，契約者（社員）配当準備金として積み立てることとされています。

　相互会社については，保険業法第55条の2により，社員配当準備金の積立方

法が規定されています。具体的には，決算期の未処分剰余金から特定の項目
（支払が優先される基金利息および積立てが優先される法定準備金など）を控
除した金額に20%を乗じた金額以上を社員配当準備金として積み立てます（業
法55条の2第2項，第3項，業規第30条の4，第30条の6）。

また，株式会社については，保険業法施行規則第64条により，契約者配当を
行う場合には，契約者配当準備金を積み立てることとされています。

(4) 契約者（社員）配当準備金に係る会計処理

① 契約者（社員）配当準備金の繰入れ

契約者（社員）配当準備金の繰入れの会計処理に関しては，株式会社と相互
会社では異なります。

(a) 相互会社の会計処理

相互会社では，社員配当金が総代会の決議により決定されるため，社員配
当準備金への繰入れは，剰余金処分として行われます。

したがって，相互会社の損益計算書の当期純剰余は，社員配当準備金繰入
れ前の数値として算定されることになります。算定された当期純剰余は基金
等変動計算書を経由して当期未処分剰余金を構成し，総代会での剰余金処分
に関する決議に基づいて，当期未処分剰余金から社員配当準備金への繰入れ
が行われます。

（借）当期未処分剰余金　　×××　　（貸）社員配当準備金　　×××

(b) 株式会社の会計処理

株式会社では，契約者配当準備金の繰入れは，損益計算書において費用と
して処理されます。そのため，株式会社の損益計算書の当期純利益は，保険
契約者への配当負担控除後の数値として算定されます。算定された当期純利
益は，株主資本等変動計算書を経由して繰越利益剰余金を構成し，株主総会
等における株主配当金等の剰余金処分の対象となります。

（借）契約者配当準備金繰入額　　×××　　（貸）契約者配当準備金　　×××

② 契約者（社員）配当準備金の取崩し

(a) 期中の会計処理

契約者（社員）配当金の支払方法とそれぞれの支払時の仕訳は，図表3-13-2のとおりです。

図表3-13-2 契約者（社員）配当金の支払方法と仕訳

㈎利息を付けて積み立てる方法	利息を付けて積み立てておき，保険金や解約返戻金の支払と合わせて積立配当金（元利合計）を支払う方法
	（借）社員（契約者）配当金　×××　（貸）現金及び預貯金　×××
㈨保険を買い増す方法	配当金を一時払い保険料として，保険を買い増す（保険金を増額する）方法
	（借）社員（契約者）配当金　×××　（貸）保険料収入　×××
㈩保険料と相殺する方法	配当金を保険料払込回数に均等分割して，毎回の保険料と相殺する方法
	（借）社員（契約者）配当金　×××　（貸）保険料収入　×××
㈺現金で支払う方法	配当金を現金で支払う方法
	（借）社員（契約者）配当金　×××　（貸）現金及び預貯金　×××

(b) 決算時の会計処理

上記のように，期中の契約者（社員）配当金の支払時点で，契約者（社員）配当準備金の取崩しを行っていない場合には，期末（中間）決算処理において当期（中間）支払分に対応する金額の取崩しが行われます（期中の支払時点で，契約者（社員）配当準備金の取崩しを行う保険会社もあります）。

（借）社員（契約者）　×××　（貸）社員(契約者)配当金　×××
　　　配当準備金

なお，利息を付けて積み立てる方法による場合には，保険計理に基づいて計算された利息相当額が積み立てられることになります。

（借）社員(契約者)配当金　×××　（貸）社員（契約者）　×××
　　　積立利息繰入額　　　　　　　　　配当準備金

4　基　金

Q3-14　生命保険相互会社の基金

生命保険相互会社の基金とはどのようなものでしょうか。

Answer Point

- 基金は相互会社における財産的基礎となる資金をいいます。
- 基金は自己資本性を有することから，相互会社の純資産の部に計上されています。
- 金融機関などから基金を受け入れるだけでなく，証券化スキームによる特定目的会社を利用した資金調達も行われています。

解説

(1) 基金について

　相互会社における基金は，相互会社の設立時に必ず払い込まれる必要がある資金であり，設立後も必要に応じて募集を行うことが可能です。相互会社と基金拠出者との契約は，金銭消費貸借契約に類似した契約であると考えられています。

　基金を募集する際には，あらかじめ定款において基金の償却（元本償還）の方法を定める必要があり（業法第23条第1項第6号），基金拠出者との間で締結した契約により定められた期日に利息の支払や元本の返済が必要となるため，これらの点を考慮すると，負債の性質を有すると考えられます。

　一方，基金を償却するときは，その同額を基金償却積立金として積み立てなければならないとされており（業法第56条第1項），基金償却後においても償却金額と同額を基金償却積立金として純資産の部に計上することになるため，

財産的基礎を維持し続けることが可能となります。また，基金利息の支払および基金の償却には，純資産の部の金額から基金や基金償却積立金などを控除した額を上限とする制限が設けられており（業法第55条），基金の充実が図られています。さらに，相互会社が清算する場合の財産処分の順番として，基金の払戻しは，債務の弁済をした後でなければ行ってはならないとされています（業法第181条第2項）。

このように，相互会社の基金に関しては，法令上，強い規制がかけられており，自己資本の性質を有するといえることから，貸借対照表上，純資産の部に計上され，ソルベンシー・マージンの計算上，マージン総額に含められています（業法第130条）。

(2) 銀行との持合い関係および基金拠出者の状況

銀行は1990年代前半以降，バーゼル銀行監督委員会によるBIS規制への対応により自己資本を確保することが求められることとなりましたが，当時の銀行はバブル崩壊による株価の下落により苦しい環境に直面していました。そこで以前から安定株主として銀行株を引き受けていた生命保険会社が，銀行に劣後ローン等を貸し出すことにより銀行の自己資本を支えることとなりました。

一方，1990年代後半になると，保険会社に対するソルベンシー・マージン規制が導入されたことにより，保険会社においても自己資本の十分な確保が求められました。そこで今度は銀行が保険会社への基金および出資の拠出や劣後ローンに応じる形となりました。その結果，銀行と生命保険会社の持合い関係が形成されました。

また，2008年10月の大和生命の破綻等を受け，金融庁は新しいソルベンシー・マージン規制を2012年3月期決算より導入しました。各相互会社は，これらのソルベンシー・マージン等の規制に備えるため，基金の発行および基金償却積立金の積立て等により，ソルベンシー・マージンの確保に取り組んでいます。

なお，2018年3月末現在の相互会社への基金拠出者の状況は，図表3-14-1のとおりです。基金の証券化スキームに基づく特定目的会社を利用している保険会社もあります。このスキームは一般的に資産流動化法に基づき特定目的会

社を設立し，その特定目的会社が相互会社への基金債権を裏付け資産とした特定社債を投資家に発行することにより資金を調達し，その資金を相互会社に払い込む仕組みとなっています。このスキームによって基金を小口分散化することで，より幅広く実質的な基金拠出者を募ることが可能となります。

図表3-14-1　2018年3月末時点の相互会社の基金拠出者

（単位：百万円）

保険会社 拠出者	日本生命	住友生命	明治安田 生命	富国生命	朝日生命
特定目的会社	150,000	50,000	260,000	0	0
金融機関	0	50,000	0	10,000	106,000
その他	0	0	0	0	20,000
合計	150,000	100,000	260,000	10,000	126,000

（出所：「日本生命の現状2018」，「REPORT SUMISEI 2018」，「明治安田生命の現況2018」，「フコク生命の現状2018」，「朝日生命の現状2018」）

（3）仕訳処理

　基金の受入，基金利息の支払，基金の償却に関する仕訳は，図表3-14-2のとおりです。

図表3-14-2　基金に関する仕訳

事　象		仕　訳
基金の受入れ		（借）現金及び預貯金×××　（貸）基　　　　金×××
基金利息 の支払	剰余金処分	（借）未処分剰余金×××　（貸）未払基金利息×××
	支払	（借）未払基金利息×××　（貸）現金及び預貯金×××
基金の 償却	基金償却	（借）基　　　　金×××　（貸）現金及び預貯金×××
	基金償却積立 金の積立て	（借）未処分剰余金×××　（貸）基金償却積立金×××

（4）税務上の取扱い

　図表3-14-2で記載のとおり，基金利息は剰余金処分として支払われるため会計上は費用としては計上されません。一方，税務上は，基金利息は負債の利子に含まれるため（法基通3-2-1），損金に算入されることとなります。

5 純資産の部

Q3-15 相互会社と株式会社の純資産について

生命保険会社の相互会社と株式会社の純資産の部の違いについて教えてください。

Answer Point

- 生命保険会社のうち，株式会社の純資産の部は一般事業会社と相違はありませんが，相互会社の純資産の部は基金，基金償却積立金，損失てん補準備金などで構成されています。
- 再評価積立金は相互会社においてのみ計上されています。
- 評価・換算差額等については，相互会社と株式会社に違いはありません。

解説

（1）相互会社と株式会社の純資産の違い

　相互会社の純資産の部には，基金，基金償却積立金，再評価積立金，損失てん補準備金やその他剰余金などの剰余金，評価・換算差額等が計上されます。

　まず基金と基金償却積立金は，いわば株式会社の資本金と資本準備金に相当します（基金と基金償却積立金の内容についてはQ3-14参照）。次に，損失てん補準備金は株式会社の利益準備金に相当し，その取崩しは損失てん補の場合に限定されます。また，その他剰余金には積立てが強制されない任意の積立金と当期未処分剰余金が計上されますが，これは株式会社のその他利益剰余金に相当します。一方，その他有価証券評価差額金や土地再評価差額金といった評価・換算差額等については相互会社と株式会社の間に違いはありません。

　再評価積立金は，1950年の資産再評価法に基づく再評価額と帳簿価額の差額を積み立てたものであり，相互会社においては独立表示されています。一方，株式会社においては，「株式会社の再評価積立金の資本組入に関する法律」が昭和48年に失効したことに伴い，再評価積立金は資本準備金に組み入れられたため，現在は独立した科目として使用されていません。

　相互会社と株式会社の純資産の違いについて，第一生命が株式会社化した時の開示が参考となると思われます。同社は，2010年4月1日付にて相互会社から株式会社に組織変更していますが，2011年3月期の計算書類において，純資産の部の表示方法の変更について図表3-15のような開示を行っています。

図表3-15　第一生命株式会社化

（単位：百万円）

2010年4月1日開始時（株式会社）		2010年3月31日現在（相互会社）	
科目	金額	科目	金額
資本金	210,200	基金	0
資本剰余金	210,200	基金償却積立金	420,000
資本準備金	210,200	再評価積立金	248
利益剰余金	184,297	剰余金	184,448
利益準備金	5,600	損失てん補準備金	5,600
その他利益剰余金	178,697	その他剰余金	178,848
危険準備金積立金	43,120	危険準備金積立金	43,139
価格変動積立金	55,000	価格変動積立金	55,000
		社会公共事業助成資金	9
		保健文化賞資金	8
		緑の環境デザイン賞資金	14
不動産圧縮積立金	16,420	不動産圧縮積立金	16,420
		別途積立金	100
繰越利益剰余金	64,157	当期未処分剰余金	64,157
株主資本合計	604,697	基金等合計	604,697
その他有価証券評価差額金	461,158	その他有価証券評価差額金	461,158
繰延ヘッジ損益	(2,008)	繰延ヘッジ損益	(2,008)
土地再評価差額金	(63,540)	土地再評価差額金	(63,540)
評価・換算差額等合計	395,609	評価・換算差額等合計	395,609
純資産の部合計	1,000,307	純資産の部合計	1,000,307

（出所：「第一生命の現状2011」をもとに作成）

6 有価証券

Q3-16 責任準備金対応債券

責任準備金対応債券とはどのようなものでしょうか。

Answer Point

- 保険会社は，一般事業会社にみられない財務上の特性を有していることを踏まえ，責任準備金対応債券の区分の設定と，特例的な会計処理が認められています。
- 特例的な会計処理を行うためには，『保険業における「責任準備金対応債券」に関する当面の会計上及び監査上の取扱い』に定められている責任準備金対応債券を特定するための要件を満たす必要があります。

（1）責任準備金対応債券の必要性

保険会社，特に生命保険会社の財務諸表上，負債の大部分を占める責任準備金は，保険契約者に対して負うきわめて長期にわたる債務の履行を確実とするため，契約時に固定された予定利率に基づいて積み立てられています。保険会社は，この負債面の特性に対応して，保険債務の支払能力の確保や経営の健全性を確保する観点から，資産面においても，長期の債券を保有する割合が高くなる特性を持ちます。しかし，現実の市場においては長期の保険期間に対応した債券は少ないため，保険会社は，残存期間の短くなった債券を長期の債券と入れ替えることによって，負債特性に対応した金利リスクの管理を行っています。

こうした財務上の特性を持つ保険会社に，金融商品に関する会計基準をそのまま適用した場合，負債側の責任準備金の時価評価が行われない一方，資産側の債券は時価評価されることになります。すると，保険会社が資産と負債の金利リスクの管理を行っている場合であっても，資産と負債の評価方法が異なる結果，財務諸表上，純資産の額が変動し，保険会社の真の財務状態が適切に反映されないこととなるおそれがあります。

そのため，業種別監査委員会報告第21号「保険業における『責任準備金対応債券』に関する当面の会計上及び監査上の取扱い」（以下，「21号報告」という）により，保険会社には責任準備金対応債券の区分の設定と，適切な金利リスク管理の実態を反映するための特例的な会計処理が認められています。

(2) 責任準備金対応債券の要件

責任準備金対応債券の区分を設定するためには，21号報告5に定められている以下の要件をすべて満たす必要があります。

① リスク管理を適切に行うための管理・資産運用方針等の策定

取締役会または同等の機関において，リスク管理を適切に行うための管理・資産運用方針等を明確に定め，文書化する。

② 管理・資産運用方針等を遵守する体制の整備

管理・資産運用方針等に基づき運用手続が適切に制定・文書化され，リスク管理に対する体制が適切に整備・運用されている。

③ 小区分の設定と管理

管理・資産運用方針等に定めた小区分を特定する基準に基づき，責任準備金の残存年数や保険商品またはこれらの組み合わせを用いること等により，保険契約群を小区分に割り当てる。責任準備金対応債券の管理はこの小区分ごとに行い，デュレーション・マッチング[注]の有効性の判定もこの区分ごとに行う。

（注）デュレーションとは，金利変動に対する時価変動の程度を表す指標であり，デュレーション・マッチングとは，債券と責任準備金のデュレーションを一定幅の中で一致させることにより，金利変動に対する債券と責任準備金の時価変動をおおむね一致させる状況をいいます。

④　デュレーション・マッチングの有効性の判定と定期的検証

デュレーション・マッチングを行った結果が，以下の基準の範囲内にあることを定期的に検証する。

D（L）＝k×D（A）（ただし，kは0.8≦k≦1.25）

D（L）：責任準備金のデュレーション

D（A）：責任準備金対応債券のデュレーション

なお，責任準備金対応債券は当該小区分の責任準備金の額を超えてはならない。

⑤　責任準備金対応債券の範囲

金利変動要因により時価が変動する債券で，上述の①から④の要件を満たし，また，責任準備金と同一通貨である。

なお，以下の債券は，責任準備金対応債券からは除外しなければならない。

(a)　元利金の一部または全部が責任準備金と異なる通貨建の債券

(b)　発行者の信用状態の悪化している債券（格付けBBB未満の債券等）

(c)　所有目的が他の金融機関との持合いとなっている劣後債券

(d)　デリバティブと組み合わせた債券（金利スワップを付したことにより当該金利スワップにヘッジ会計を適用する債券，および金利スワップの特例処理の対象となる債券を含む）

（3）責任準備金対応債券の会計処理と注記

①　新区分の設定と償却原価法に基づく評価および会計処理

保険会社は上述（2）の要件をすべて満たした債券について，新たに責任準備金対応債券の区分を設け，償却原価法(注)に基づく評価および会計処理を行うことができます。

(注)　償却原価法とは，取得価額と債券金額との差額がクーポンレートと取得時の市場利子率との調整により生じたものである場合に，その差額を受渡日から償還日にわたって期間配分する評価方法をいいます。

(a)　決算日（額面金額＞取得価額の場合）

> (借) 有　価　証　券　　×××　　(貸) 有 価 証 券 利 息　　×××
> 　　　(責任準備金対応債券)

(b)　決算日（額面金額＜取得価額の場合）

> (借) 有 価 証 券 利 息　　×××　　(貸) 有　価　証　券　　×××
> 　　　　　　　　　　　　　　　　　　　　(責任準備金対応債券)

　なお，責任準備金対応債券に区分した場合であっても，時価が著しく下落したときは，回復する見込みがあると認められる場合を除き，減損処理が必要です。

②　売却時の処理

　目標デュレーション達成のために売却された責任準備金対応債券の売却損益は，売却した事業年度の損益として計上します。一方，目標デュレーション達成目的以外の目的により売却された責任準備金対応債券の売却益は，債券の残存期間にわたり定額法に基づき繰延処理を行います。また売却損については，売却した事業年度の損益として計上します。

③　会計方針等の注記

　21号報告により会計処理を行っている場合には，以下の項目の注記が必要です。

(a)　責任準備金対応債券に関する時価情報

(b)　リスクの管理方針の概要（小区分を特定する基準および保険会社の特殊性を踏まえた資産運用方針の考え方を含む）

(c)　管理方針の重大な変更，保有目的区分および小区分の変更を行った場合には，変更の旨，理由および変更に伴う財務諸表への影響

　なお，2018年3月期の生命保険各社の責任準備金対応債券の設定状況は，図表3-16のとおりです。

図表3-16 生命保険各社の責任準備金対応債券の設定状況

(単位：億円)

会社名	責任準備金残高	責任準備金対応債券		
		簿価	時価	含み益
日本生命	537,410	195,283	232,296	37,013
第一生命	304,072	120,002	147,522	27,519
明治安田生命	317,985	75,498	89,717	14,219
住友生命	258,005	110,886	130,562	19,676
三井生命 （現　大樹生命）	60,872	20,753	24,147	3,393
富国生命	55,781	9,737	11,341	1,604
朝日生命	46,169	20,942	23,978	3,036
大同生命	56,363	14,555	16,707	2,151

※　表中金額については1億円未満は切り捨てています。
（出所：「日本生命の現状2018」，「第一生命アニュアルレポート2018」，「明治安田生命の現況2018」，「住友生命2018年度ディスクロージャー誌」，「三井生命の現状2018」，「フコク生命の現状2018」，「朝日生命の現状2018」，「大同生命の現状2018」）

Q3-17　責任準備金対応債券の保有目的区分の変更等による振替の取扱い

責任準備金対応債券の売却，保有目的区分の変更または小区分の変更が行われた場合や，デュレーション・マッチングを満たさなくなった場合の取扱いおよび留意点等を教えてください。

Answer Point

- 目標デュレーション達成目的以外の目的による責任準備金対応債券の売却，保有目的区分の変更または合理的な理由のない小区分の変更が行われた場合や，デュレーション・マッチングの有効性を満たさなくなった場合には，責任準備金対応債券を変更時の償却原価をもって，その他有価証券等へ振り替えることが必要になります。
- 保有目的区分および小区分の変更を行った場合には，変更の旨，理由および変更に伴う財務諸表への影響額の注記が必要になります。

解　説

（1）責任準備金対応債券の保有目的区分の変更時の取扱い

【ケース1】責任準備金対応債券以外の保有目的区分から責任準備金対応債券への保有目的の変更

　責任準備金対応債券は，一定の要件を満たした債券でなければならず（Q3-16参照），要件に適合しているかどうかの判断は債券取得時に実施します。そのため，当初責任準備金対応債券以外で区分されていた債券を，取得日以後に責任準備金対応債券へ振り替えることは認められないと解されます。

【ケース2】責任準備金対応債券から他の保有目的区分への振替（目標デュレーション達成目的以外の目的による変更）

責任準備金対応債券について，目標デュレーション達成目的以外の目的による売却や保有目的区分の変更が行われた場合には，以下の場合を除き，該当する小区分内のすべての責任準備金対応債券を変更時の償却原価をもって，その他有価証券に振り替えなければなりません（業種別監査委員会報告第21号『保険業における「責任準備金対応債券」に関する当面の会計上及び監査上の取扱い』（以下，「21号報告」という）6(3)①）。

① 債券の発行者の信用状態の著しい悪化
② 税法上の優遇処置の廃止
③ 重要な合併または営業譲渡に伴うポートフォリオの変更
④ 法令の改正または規制の廃止
⑤ 監督官庁の規制・指導
⑥ ソルベンシー・マージン比率を算定する上で使用するリスクウェイトの変更
⑦ その他，保有者に起因しない予期できなかった事象の発生に基づく売却または保有目的の変更

【ケース3】責任準備金対応債券から他の保有目的区分への振替（デュレーション・マッチングの要件を満たさなくなった場合）

デュレーション・マッチングの要件を満たさなくなった場合には，当該小区分に属するすべての責任準備金対応債券を変更時の償却原価をもって，その他有価証券に振り替えなければなりません。

ただし，予期せぬ解約率の大幅な減少等の合理的に予想ができなかった要因で，責任準備金のデュレーションが上昇したことにより，責任準備金対応債券のデュレーションがデュレーション・マッチングの基準に適合しなくなった場合には，当該小区分に属するすべての責任準備金対応債券を，変更時の償却原価をもって満期保有目的債券に振り替えることができます（21号報告6(3)②）。

責任準備金対応債券から他の保有区分への振替（【ケース2】【ケース3】）

をまとめたものが図表3-17になります。

図表3-17　責任準備金対応債券から他の保有目的区分への変更の取扱い

変更後の保有目的区分	保有目的区分変更の取扱い
売買目的有価証券	認められない。
満期保有目的債券	合理的に予想ができなかった要因で責任準備金のデュレーションが上昇したことにより，デュレーション・マッチングの基準に適合しなくなった場合にのみ，認められる。【ケース3】
その他有価証券	目標デュレーション達成目的以外の目的による保有目的区分の変更が行われた場合で，21号報告6(3)①の事象に起因しない場合は，振替が強制される。【ケース2】 また，(上記「満期保有目的債券」に記載のケースを除き，) デュレーション・マッチングの要件を満たさなくなった場合【ケース3】は振替が強制される。

（注）【ケース2】および【ケース3】による振替を行った場合，振替を行った事業年度を含む二事業年度においては，取得した債券を当該小区分の責任準備金対応債券に分類することはできません。また，この間において当該小区分を含む小区分の範囲を変更することはできません（21号報告6(3)③）。

(2) 小区分の変更について

　小区分の変更については，より精緻にALM管理を行う観点から小区分を見直す場合等の合理的な理由がある場合にのみ認められます。合理的な理由のない小区分の変更が行われた場合には，上述（1）【ケース2】①から⑦の場合を除き，該当する小区分内のすべての責任準備金対応債券を変更時の償却原価をもって，その他有価証券に振り替えなければなりません。この振替を行った場合，振替を行った事業年度を含む二事業年度においては，取得した債券を当該小区分の責任準備金対応債券に分類することはできません。また，この間において当該小区分を含む小区分の範囲を変更することはできません（21号報告6(3)①③）。

(3) 注記について

　保有目的区分および小区分の変更を行った場合には，変更の旨，理由および変更に伴う財務諸表への影響額を注記する必要があります。なお，小区分の基

準および変更に関する注記例は以下のとおりです。

■三井生命（現　大樹生命）（2018年３月期）

> (2)　責任準備金対応債券に関連するリスク管理方針の概要は，次のとおりであります。
>
> 　資産・負債の金利リスクの変動を適切に管理するために，保険商品の特性に応じて小区分を設定し，各小区分に割り当てられた保険契約群についての責任準備金のデュレーションと小区分に係る責任準備金対応債券のデュレーションを一定幅の中で対応させる運用方針を採っております。なお，小区分は，次のとおり設定しております。
>
> ①　終身保険・年金保険（8-27年）小区分（終身保険（定期付終身保険を含む。）及び年金保険から発生する将来キャッシュ・フロー中の7年超27年以内の部分）
>
> ②　拠出型企業年金（27年以内）小区分（拠出型企業年金保険から発生する将来キャッシュ・フロー中の27年以内の部分）
>
> ③　一時払外貨建養老保険（豪ドル）小区分（2017年10月1日以降始期の一時払外貨建養老保険（豪ドル））
>
> 　また，各小区分において，保険契約群についての責任準備金のデュレーションと，小区分に係る責任準備金対応債券のデュレーションとが一定幅の中で対応していることを，定期的に検証しております。
>
> （追加情報）
>
> 　当事業年度より，ALMの更なる推進に向けて，責任準備金対応債券の対象となる保険商品の小区分について，新たに一時払外貨建養老保険（豪ドル）小区分を設定しております。
>
> 　なお，この変更による当事業年度の損益への影響はありません。

（出所：「三井生命の現状2018」）

■朝日生命（2017年３月期）

> 2．責任準備金対応債券
>
> 　個人保険・個人年金保険に設定した小区分（保険種類・資産運用方針等により設定）に対応した債券のうち，負債に応じたデュレーションのコントロールを図る目的で保有するものについて，「保険業における「責任準備金対応債券」に関する当面の会計上及び監査上の取扱い」（日本公認会計士協会業種別監査委員会報告第21号）にもとづき，責任準備金対応債券に区分しております。
>
> 　責任準備金対応債券の当期末における貸借対照表価額は，2,161,957百万円，時価は，2,494,257百万円であります。

　なお，当期より，個人保険・個人年金保険（利率変動積立型終身保険・利率変動型積立保険および2012年4月2日以降契約の新一時払個人年金保険を除く）に対する小区分につき，負債対応型ポートフォリオに段階的に移行するため，負債デュレーション算出の前提となる負債キャッシュ・フローを「将来25年分」から「将来30年分」に変更しております。

　この変更による，貸借対照表および損益計算書への影響はありません。

（出所：「朝日生命の現状2017」）

Q3-18 保険会社における包括ヘッジの取扱い

保険会社における包括ヘッジの取扱いについて教えてください。

Answer Point ☝

- 保険会社の保険負債は小口多数の金銭債務の集積としての性格を有しているため，金利リスクの共通する保険負債をグルーピングした上で，ヘッジ対象として識別することができる包括ヘッジが認められています。

(1) ヘッジ会計の意義

　ヘッジ会計とは，ヘッジ取引のうち一定の要件を充たすものについて，ヘッジ対象に係る損益とヘッジ手段に係る損益を同一の会計期間に認識することで，ヘッジの効果を会計に反映させるための会計処理をいいます（金融商品に関する会計基準第29項）。

　ヘッジ対象は，以下のいずれかに該当するものとなります。

- 相場変動等による損失の可能性がある資産または負債で，当該資産または負債に係る相場変動が評価に反映されていないもの
- 相場変動が評価に反映されているが評価差額が損益として処理されないもの
- 当該資産または負債に係るキャッシュ・フローが固定されその変動が回避されるもの

　ヘッジ会計においては，原則として，対応するヘッジ手段（通常はデリバティブであることが多い）の公正価値測定に基づく評価差額を，ヘッジ対象に係る損益が認識されるまで純資産の部で繰り延べることにより，ヘッジの効果

が会計に反映されます。

このようなヘッジ会計の適用は，ヘッジ対象とヘッジ手段の関係が，以下の要件を充たす場合にのみ可能となります（「ヘッジの有効性」）。

- ヘッジ取引時において，ヘッジ取引が企業のリスク管理方針に従ったものであることが，文書化等によって客観的に認められること
- ヘッジ取引時以降において，ヘッジ対象とヘッジ手段の損益が高い程度で相殺される状態またはヘッジ対象のキャッシュ・フローが固定されその変動が回避される状態が引き続き認められることにより，ヘッジ手段の効果が定期的に確認されていること

(2) 包括ヘッジの適用

ヘッジ会計の適用においては，原則としてヘッジ対象とヘッジ手段の明確な対応関係が求められます。一方で，保険会社は，不特定多数の保険契約者に対し契約時に固定された予定利率を保証する保険契約に基づく債務を負っている場合があり，当該保険負債は小口多数の金銭債務の集積としての性格を有するため，金利リスクの共通する保険負債に関してグルーピングした上でヘッジ対象を識別する包括ヘッジが認められています（業種別監査委員会報告第26号「保険業における金融商品会計基準適用に関する会計上及び監査上の取扱い」（以下，「26号報告」という））。ここで対象とされるヘッジ対象およびヘッジ手段は，以下のとおりです。

| ヘッジ対象 | 固定金利付き負債としての保険負債の，市場金利の変動に起因する理論価格の変動 |
| ヘッジ手段 | 固定受け変動払いの金利スワップ |

(3) ヘッジ対象のグルーピングとヘッジの有効性

ヘッジ対象とヘッジ手段の間に高い相関関係がある（ヘッジが有効である）と認められるためには，原則として，ヘッジ開始時から有効性判定時点までの期間における，ヘッジ対象の相場変動の累計とヘッジ手段の相場変動の累計の比率がおおむね80%から125%の範囲内にあることが要求されます（金融商品会計に関する実務指針（以下，「実務指針」という）第156項）。

　市場価格のない保険負債については，その理論価格の変動累計は，ヘッジ開始時の市場金利とヘッジ有効性判定時点の実勢市場金利の差からもたらされることから，以下のステップによって，実務指針第156項のヘッジの有効性の要件を満たすことが明らかである場合には，相場変動の累計によるヘッジ有効性の評価に代替することが可能とされています（26号報告2(1)(2)）。

- ヘッジ対象について，保険契約に基づいたネット・キャッシュ・フロー（予想解約率を勘案）の発生する年限別に区分してグルーピングを行い，同一グルーピング内の個々のキャッシュ・フローの金利感応度がほぼ一様になるように1年以内のグルーピングを行う
- ヘッジ手段について，ヘッジ対象の年限ごとの残存期間のスワップ契約をグルーピングしてヘッジ指定を行う
- ヘッジ対象とヘッジ手段の双方の理論価格の算定に影響を与える金利の状況（たとえば，ヘッジ対象とヘッジ手段のグルーピング期間内の最短期間相当の金利と最長期間相当の金利の変動幅）を検証する

(4) ヘッジ会計の中止

　以下のような事態が発生した場合には，ヘッジ会計の適用を中止しなければなりません。

① ヘッジ関係がヘッジの有効性の要件を満たさなくなった
② ヘッジ手段が満期，売却，終了または行使のいずれかの事由により消滅した

　このような場合，その時点までのヘッジ手段に係る損益はヘッジ対象に係る損益が純損益として認識されるまで繰り延べます。また①の場合には，ヘッジ会計の中止以降のヘッジ手段に係る損益は，発生した期間の純損益に計上します。なお，ヘッジ会計の中止時点までに繰り延べていたヘッジ手段に係る損益は，ヘッジ対象のグルーピングごとの満期までの期間にわたり保険負債に係る利回りの調整として損益に配分します（実務指針第180項）。

(5) ヘッジ会計の終了

　ヘッジ対象が消滅したときには，繰り延べられていたヘッジ手段に係る損益

は当期の純損益として認識しなければなりません。その際，包括ヘッジの一部を構成するヘッジ対象の減少については，ヘッジ対象の減少がポートフォリオ全体から平均的に発生したものとみなして処理を行うことができるとされています（26号報告2(3)）。

(6) 開示例

以下は，26号報告の適用に基づくヘッジ会計に関する開示例です。

■東京海上ホールディングス

> 　東京海上日動火災保険㈱および東京海上日動あんしん生命保険㈱は，長期の保険契約等に付随して発生する金利の変動リスクを軽減するため，金融資産と保険負債等を同時に評価・分析し，リスクをコントロールする資産・負債総合管理（ALM; Asset Liability Management）を実施しております。この管理のために利用している金利スワップ取引の一部については，業種別監査委員会報告第26号「保険業における金融商品会計基準適用に関する会計上及び監査上の取扱い」（平成14年9月3日 日本公認会計士協会）（以下「第26号報告」という。）に基づく繰延ヘッジ処理を行っております。ヘッジ対象となる保険負債とヘッジ手段である金利スワップ取引を一定の残存期間毎にグルーピングのうえヘッジ指定を行っており，ヘッジに高い有効性があるため，ヘッジ有効性の評価を省略しております。また，東京海上日動火災保険㈱は，第26号報告適用前の業種別監査委員会報告第16号「保険業における金融商品会計基準適用に関する当面の会計上及び監査上の取扱い」（平成12年3月31日 日本公認会計士協会）による2003年3月末の繰延ヘッジ利益について，第26号報告の経過措置に基づいて，ヘッジ手段の残存期間（1～17年）にわたり，定額法により損益に配分しております。

（出所：2018年3月期有価証券報告書より抜粋）

■SOMPOホールディングス

> 　「保険業における金融商品会計基準適用に関する会計上及び監査上の取扱い」（日本公認会計士協会業種別監査委員会報告第26号）に基づく長期の保険契約等に係る金利変動リスクをヘッジする目的で実施する金利スワップ取引については，繰延ヘッジを適用しております。ヘッジ対象となる保険負債とヘッジ手段である金利スワップ取引を一定の残存期間ごとにグルーピングのうえヘッジ指

定を行っており，ヘッジに高い有効性があるため，ヘッジ有効性の評価を省略しております。

（中略）

なお，ヘッジ有効性については，原則としてヘッジ開始時から有効性判定時点までの期間において，ヘッジ対象の相場変動またはキャッシュ・フロー変動の累計とヘッジ手段の相場変動またはキャッシュ・フロー変動の累計とを定期的に比較し，両者の変動額等を基礎にして判断しております。ただし，ヘッジ対象とヘッジ手段に関する重要な条件が同一でありヘッジに高い有効性があることが明らかなもの（中略）については，ヘッジ有効性の評価を省略しております。

（出所：2018年3月期有価証券報告書より抜粋）

Q3-19　保険業法第112条評価益

保険業法第112条評価益とはどのようなものでしょうか。

Answer Point

- 保険業法第112条評価益は，市場性のある株式の簿価の付替えによる評価益です。
- 保険業法第112条評価益は，保険事業の相互扶助的特質に鑑み，保険契約者の利益の確保とその増進を図るため，保険業法上，保険会社に特別に認められているものです。
- 金融商品会計基準との関係では，まず保険業法第112条評価益を計上した後，時価評価を行います。

（1）保険業法第112条評価益の内容および目的

　保険会社は，その所有する株式のうち市場価格のあるもの（特別勘定分を除く）の時価が当該株式の取得価額を超えるときは，監督当局の認可を受けて取得価額を超え時価を超えない価額を付すことができます。評価換えにより計上した利益は，責任準備金または社員（契約者）配当準備金に積み立てます（業法第112条，業規第61条）。

　これは保険事業の相互扶助的特質に鑑み，保険契約者への配当や保険金・給付金等の支払の基盤の充実等，保険契約者の利益の確保を図るために保険会社のみに特別に認められているもので，1995年改正前の旧保険業法第84条を踏襲したものです。

（2）金融商品会計基準の時価評価との関係

（1）の内容を鑑みると，通常，保険業法第112条評価益の計上対象となる保有目的区分はその他有価証券となります。

保険業法第112条評価益と金融商品会計基準の適用にあたっては，まず保険業法第112条評価益を計上して有価証券の簿価を付け替えます。この評価益は特別利益で計上するとともに，同額を責任準備金または社員（契約者）配当準備金に積み立てます。

その上で付替え後簿価と時価とを比較し，その差額（付替え後の簿価が時価に満たない場合に発生）のうち税効果分を除いた金額が評価差額金となります。

① 保険業法第112条評価益の計上

（借）有 価 証 券	×××	（貸）保険業法第112条 評価益(特別利益)	×××

② 責任準備金または社員（契約者）配当準備金への積立て（①と同額）

（借）責任準備金繰入額	×××	（貸）責 任 準 備 金	×××

または

（相互会社の場合）

（借）社員配当準備金の積立	×××	（貸）社 員 配 当 準 備 金	×××

（株式会社の場合）

（借）契約者配当準備金繰入額	×××	（貸）契約者配当準備金	×××

③ 有価証券評価差額金の計上（時価が付替え後簿価を上回る場合）

（借）有 価 証 券	×××	（貸）繰 延 税 金 負 債	×××
		有価証券評価差額金	×××

（3）税務上の取扱い

保険会社が保険業法第112条の規定に基づいて行う株式の評価換えに関しては，法人税法上，評価換えをした日の属する事業年度の所得金額の計算上，益金の額に算入されます（法法第25条第2項，法令第24条）。

Q3-20　保険会社の金融商品の表示・時価開示

保険会社の金融商品の表示・時価開示はどのようになっているのでしょうか。

··Answer Point ···

- 保険会社の金融商品に関しては，貸借対照表への計上のみならず，金融商品に関する注記が必要です。有価証券報告書における財務諸表については，有価証券に関する注記やデリバティブ取引に関する注記も必要です。
- 金融商品に関する注記として，①金融商品の状況に関する事項と②金融商品の時価等に関する事項を注記する必要があります。
- 「金融商品会計に関する実務指針」により，保険契約は金融商品会計基準の対象外とされています。
- 保険会社の四半期財務諸表について，金融商品に関する注記省略の規定は対象外とされています。

解説

(1) 開示例の紹介

① 有価証券に関する注記

有価証券報告書における財務諸表について，売買目的有価証券，満期保有目的の債券，子会社株式およびその他有価証券のみならず，責任準備金対応債券についての開示を行うことが特徴です。

各保有目的区分ごとに，債券の種類別に貸借対照表計上額・時価・差額等の開示を行います（財規第8条の7，連結財規第15条の6）。

②　デリバティブ取引に関する注記

　保険会社特有の注記項目はありません（財規第 8 条の 8 ，連結財規第15条の 7 ）。

③　金融商品に関する注記

　金融商品の状況に関する事項と金融商品の時価等に関する事項を注記します。

　金融商品の時価等に関しては，下記のように貸借対照表の科目ごとに連結貸借対照表計上額，時価およびこれらの差額，金融商品の時価の算定方法等を注記します。なお，重要性の乏しいものについては，注記を省略することができるとされています。

■東京海上ホールディングス

（単位：百万円）

	連結貸借対照表計上額	時価	差額
(1)　現金及び預貯金	733,832	733,877	44
(2)　コールローン	13,500	13,500	—
(3)　買現先勘定	4,999	4,999	—
(4)　債券貸借取引支払保証金	30,880	30,880	—
(5)　買入金銭債権	1,252,343	1,252,343	—
(6)　金銭の信託	214,101	214,101	—
(7)　有価証券			
売買目的有価証券	477,526	477,526	—
満期保有目的の債券	4,785,178	5,472,911	687,733
責任準備金対応債券	38,180	39,227	1,046
その他有価証券	10,989,173	10,989,173	—
(8)　貸付金	893,984		
貸倒引当金 (※1)	△3,946		
	890,037	894,386	4,348
資産計	19,551,254	20,244,427	693,172
(1)　社債	59,766	58,840	△926

(2)　債券貸借取引受入担保金	383,853	383,853	―
負　債　計	443,620	442,694	△926
デリバティブ取引^(※2)			
ヘッジ会計が適用されていないもの	32,558	32,558	―
ヘッジ会計が適用されているもの	17,911	17,911	―
デリバティブ取引計	50,470	50,470	―

（※1）貸付金に対応する一般貸倒引当金および個別貸倒引当金を控除しております。
（※2）その他資産およびその他負債に計上しているデリバティブ取引を一括して表示しております。デリバティブ取引によって生じた正味の債権・債務は純額で表示しております。

（出所：2018年3月期有価証券報告書より抜粋）

（2）様式についての参考となる基準や要領

　金融商品に関する注記事項については，「金融商品に関する会計基準」第40-2項および「金融商品の時価等の開示に関する適用指針」に則って行います。なお，（連結）計算書類は会社計算規則第98条第1項第12号ならびに第109条，（連結）財務諸表については，連結財規第15条の5の2，財規第8条の6の2に金融商品に関する注記事項が定められています。

　なお，生命保険協会による「生保連結財務諸表作成要領」にも，「金融商品の状況に関する事項及び金融商品の時価等に関する事項」として様式・記載事項が挙げられています。

（3）保険会社独自の事項について

①　保険契約について

　保険契約については，「金融商品会計に関する実務指針」第13項により，「保険者が特定の事故の発生によって生ずる損害額等（損害保険又は生命保険）を通常保険金支払の形で補填することを約する一方，保険契約者が保険料の支払義務を負う保険契約は，金融商品会計基準の対象外である。」とされています。したがって，保険契約は金融商品の表示や時価開示の対象外となります。

②　保険会社の四半期財務諸表の取扱いについて

　有価証券に関する注記，デリバティブ取引に関する注記および金融商品に関する注記については，第1四半期（連結）会計期間および第3四半期（連結）会計期間における四半期財務諸表では省略することができることとされていますが，総資産の大部分を金融資産が占め，かつ，総負債の大部分を金融負債および保険契約から生じる負債が占める場合は省略の適用除外となっていることから，保険会社も当該省略の適用除外となります（四半期連結財規第17条の2）。

③　その他

　保険会社特有の貸付金として，保険約款貸付がありますが，時価があるものとする会社と，時価を把握することがきわめて困難として時価を算定していない会社とに分かれています。この点については，Q3-21を参照してください。

7　貸　付　金

Q3-21　保険約款貸付

保険約款貸付とはどのようなものでしょうか。

·Answer Point 👆········

- 保険約款貸付とは，保険約款の定めに基づいて，保険会社が契約者に対して行う貸付けのことです。
- 保険約款貸付には保険契約者貸付と自動振替貸付の2種類があります。

解　説

（1）保険約款貸付とは何か

　保険会社の貸付金には「保険約款貸付」と「一般貸付」があり，両者を合わせて貸付金として貸借対照表に表示します。このうち，一般貸付は，企業や国・政府機関に対する貸付けや住宅ローンなど，銀行における「貸出金」と同様のものです。

　一方，保険約款貸付とは，保険約款の定めに基づいて，保険会社が解約返戻金の一定の範囲内で契約者に行う貸付けであり，保険会社特有のものです。

　保険約款貸付には，「保険契約者貸付」と「自動振替貸付」の2種類があります。

①　保険契約者貸付

　契約者が資金を必要とした場合，契約者の解約返戻金の一定範囲内で行う貸付けです。

② 自動振替貸付

契約者が保険料の払込みを行わなかった場合，契約者の解約返戻金の一定範囲内で保険料を自動的に立て替えるために行われる貸付けです。

払込猶予期間に保険料が払い込まれない場合であっても，ただちに保険契約が失効することを防ぐための貸付制度です。

なお，契約者貸付と自動振替貸付を合わせた元利金が解約返戻金を上回ると，保険料の立替えができなくなるため，契約は失効します。

（2）保険約款貸付の時価等開示

金融商品の時価等に関しては，貸借対照表の科目ごとの貸借対照表計上額，時価およびこれらの差額，金融商品の時価の算定方法等の注記が必要とされています（財規第8条の6の2，連結財規第15条の5の2）（詳細はQ3-20参照）。

保険約款貸付も，当該時価等の開示対象となります。しかし，時価の算定については，下記の開示例のように，当該貸付けについて時価が算定できるものとする会社と時価を把握することがきわめて困難として時価を算定していない会社とがあり，判断が分かれています。

■第一生命ホールディングス

（金融商品関係）
2　金融商品の時価等に関する事項
（注）1　金融商品の時価の算定方法並びに有価証券及びデリバティブ取引に関する事項
資　産
　　　　　　　　　　… （省略） …
　(6)　貸付金
貸付金は，対象先に新規貸付を行った場合に想定される内部格付・残存期間に応じた利率等で，対象先の将来キャッシュ・フローを割り引いて算定しております。
また，リスク管理債権は，見積将来キャッシュ・フローの現在価値又は担保・保証による回収見込額等に基づいて貸倒引当金を算定しており，時価は連結貸借対照表計上額から貸倒引当金を控除した金額に近似しているため，当該金額をもって時価としております。
なお，貸付金のうち，当該貸付を担保資産の範囲内に限る等の特性により，

> 返済期限を設けていないものについては，返済見込期間及び金利条件等から，時価は帳簿価額と近似しているものと想定されるため，帳簿価額を時価としております。

（出所：2018年3月期有価証券報告書より抜粋）

■東京海上ホールディングス

> （金融商品関係）
> 　2．金融商品の時価等に関する事項
> （注2）時価を把握することが極めて困難と認められる金融商品の連結貸借対照表計上額
> 　　　　　　　　　　…（省略）…
> 　また，約款貸付は，保険契約に基づいた融資制度で，解約返戻金の範囲内で返済期限を定めずに実行しており，将来キャッシュ・フローを見積もることができないことから時価を把握することが極めて困難と認められるため，「(8)　貸付金」には含めておりません。

（出所：2018年3月期有価証券報告書より抜粋）

(3) キャッシュ・フロー計算書における取扱い

　保険契約者貸付の貸付額および回収額は，それぞれ一般貸付の貸付額および回収額と合算して，「投資活動によるキャッシュ・フロー」の「貸付けによる支出」および「貸付金の回収による収入」として表示されます。一方で，自動振替貸付に関し，保険料については，「営業活動によるキャッシュ・フロー」には反映されず，また，自動振替貸付の実行については，「投資活動によるキャッシュ・フロー」の「貸付けによる支出」に反映されません。これは，自動振替貸付が保険料を自動的に立て替えるためのものであることから，保険料収入や貸付け実行に伴う支出等のキャッシュ・フローの増減を伴わないためと考えられます。なお，回収時には，その回収額を「営業活動によるキャッシュ・フロー」に反映させます。

8 有形固定資産

Q3-22 減損対象資産のグルーピング

生命保険会社における減損対象資産のグルーピングの考え方，留意点について教えてください。

Answer Point 👆

- 生命保険会社では，主に自社で保険事業等に使用している固定資産については全体を1つの資産グループとし，賃貸用不動産等および遊休不動産等については物件ごとに1つの資産グループとしているケースが存在します。

- 保険事業等として使用している部分（営業用）と賃貸用不動産として使用している部分（投資用）の両方が存在する「営投混合物件」のグルーピングには，さまざまな方法が考えられます。

- なお，不動産保有高については，損害保険会社よりも生命保険会社の方が圧倒的に大きいため，生命保険会社についてのみ解説します。

（1）固定資産の減損会計におけるグルーピング方法

固定資産の減損会計の対象となる資産のグルーピングは，他の資産または資産グループからおおむね「独立したキャッシュ・フローを生み出す最小の単位」（「固定資産の減損に係る会計基準」第二6.(1)）で行うこととされています。たとえば，会社が保有している土地の上に賃貸用物件を保有している場合，土地と賃貸用物件は一体となって独立したキャッシュ・フローを生み出すことか

ら，それらは1つの資金生成単位として扱うこととなります。

　ただし，そのような資金生成単位から生じるキャッシュ・インフローが，他の資金生成単位からのキャッシュ・インフローと「相互補完的であり，当該単位を切り離したときには他の単位から生ずるキャッシュ・インフローに大きな影響を及ぼすと考えられる場合には，当該他の単位とグルーピングを行う」こととされています（減損適用指針第7項(2)）。

(2) 生命保険会社における資産のグルーピングの考え方

　主要な生命保険会社では図表3-22に記載のとおり，保険事業に使用している不動産等は全体で1つの資産グループとし，賃貸用不動産等および遊休不動産等については物件ごとに関係する土地，建物，借地権等を1つの資産グループとしています。

図表3-22　2018年3月期の主要な生命保険会社における資産のグルーピング方法

会社名	保険事業等に使用している不動産等のグルーピング	賃貸用不動産等および遊休不動産等のグルーピング
日本生命	保険事業等全体で1つの資産グループ	物件ごとに1つの資産グループ
第一生命ホールディングス		
住友生命		
明治安田生命		

(出所：「日本生命の現状2018」，「第一生命アニュアルレポート2018」，「REPORT SUMISEI 2018」，「明治安田生命の現況2018」)

　資産のグルーピングの方法としては，管理会計上の区分を考慮することもあるため，生命保険会社において支店ごとにグルーピングすることも考えられます。しかし，前述のとおり，主要な生命保険会社においては，保険事業等に使用している不動産等について保険事業等全体で1つの資産グループとしてグルーピングを行っています。これは保険事業等において支店から生ずるキャッシュ・フローと本店から生ずるキャッシュ・フローが相互補完的であり，収支を別々に管理することが困難であるためと考えられます。すなわち，支店で保険契約者から受領した保険料をもとに本店で有価証券，貸付け，不動産などの

運用を行うことにより，保険金や契約者配当の支払がまかなわれていることから，両者の収支を合理的に区分することが困難であるため，本店で使用している固定資産と支店で使用している固定資産を1つの資産グループとしてグルーピングを行っているものと考えられます。

　一方，賃貸用不動産や遊休不動産についても大きな括りでとらえると，保険事業等に含まれるという考え方もありますが，通常，継続的に収支が単独で把握されていることから，物件ごとに1つの資産グループとしてグルーピングを行っているとも考えられます。すなわち，主要な保険会社においては，主に自社で利用している固定資産については本店分，支店分ともに保険事業等全体で1つの資産グループとし，個別に収支を把握できる賃貸用不動産や遊休状態にある不動産に関係する土地，建物，借地権等については物件ごとに1つの資産グループとしているものと考えられます。

（3）営投混合物件についてのグルーピングの考え方

　生命保険業においては，1つの不動産を保険営業用と賃貸用の両方に使用する「営投混合物件」が多数存在します。そのため，営投混合物件について①保険営業用資産グループに含めるのか，②賃貸用不動産に含めるのか，③保険営業用部分と賃貸用部分を分けてグルーピングするのかが論点となります。

　ここで資産のグルーピング単位について「原則として，小さくとも物理的な1つの資産になる」（減損適用指針第70項(1)）とされています。一方，「自社利用部分と外部賃貸部分とが長期継続的に区分されるような場合」（減損適用指針第70項(1)）には，自社利用部分と外部賃貸部分とを分けてグルーピングする場合もあります。

　これを営投混合物件に当てはめた場合，保険営業用部分と賃貸用部分の割合については毎期固定ではなく不動産市況に応じて（賃貸用部分が空室となった場合には，保険営業用として自社で利用するなど）随時変動させることが可能であるため，通常は保険営業用部分と賃貸用部分に分けてグルーピングすることはないものと考えられます。しかし，長期継続的に保険営業用部分と賃貸用部分が区分される場合は，両者を分けてグルーピングすることも考えられます。

　また1つの考え方として，財務諸表に与える金額的重要性の観点から整理する方法もあります。すなわち，たとえばフロア全体の8割以上が長期継続的に賃貸用として使用されている営投混合物件については，その8割部分を賃貸用不動産グループに含め，残りの2割を保険事業等グループに含めることが基本的な考え方です。ただし，この2割部分を保険事業等グループに含めなかったとしても財務諸表に与えるインパクトが軽微な場合がありえます。その場合は，重要性の観点から8割部分だけでなく営投混合物件の全体を賃貸用不動産等としてグルーピングすることも可能と考えられます。

Q3-23 固定資産の減損における回収可能価額と割引率

生命保険会社の固定資産の減損における回収可能価額の算定方法と割引率について教えてください。

Answer Point ☝

- 回収可能価額は正味売却価額と使用価値のいずれか高い方の金額をいいます。
- 割引率の適切な算定方法は状況によって異なります。
- なお，不動産保有高については，損害保険会社よりも生命保険会社の方が圧倒的に大きいため，生命保険会社についてのみ解説します。

解説

（1）回収可能価額

固定資産の減損損失は，帳簿価額と回収可能価額の差額として算定されます。回収可能価額とは，「資産又は資産グループの正味売却価額と使用価値のいずれか高い方の金額」をいいます。また正味売却価額とは，「資産又は資産グループの時価から処分費用見込額を控除して算定される金額」をいい，使用価値とは，「資産又は資産グループの継続的使用と使用後の処分によって生ずると見込まれる将来キャッシュ・フローの現在価値」をいいます（固定資産の減損に係る会計基準注解（注１））。

主な生命保険会社の正味売却価額の算定方法は，図表３-23-１のとおりです（参考に主要な不動産会社の算定方法も記載しています）。主要な生命保険会社においては注記上，不動産鑑定評価基準に基づく評価額だけでなく，公示価格や固定資産税評価額などをもとに正味売却価額を算定している旨が注記されて

います。使用価値については後述の図表3-23-2を参照してください。

図表3-23-1　2018年3月期各社の正味売却価額の算定方法

分類	会社名	正味売却価額の算定方法
生命保険会社	日本生命	正味売却価額については，不動産鑑定評価基準に基づく鑑定評価額又は公示価格等をもとに算定しております。
	第一生命ホールディングス	正味売却価額については売却見込額，不動産鑑定評価基準に基づく評価額，固定資産税評価額又は相続税評価額に基づく時価を使用しております。
	住友生命	正味売却価額については，売却見込額，不動産鑑定士による鑑定評価等による評価額，又は公示価格に基づき合理的な調整を行って算定する評価額を使用しております。
	明治安田生命	正味売却価額については不動産鑑定評価基準に基づく鑑定評価額等から処分費用見込額を差し引いた価額，または公示価格等を基準にした評価額等をもとに算定しております。
不動産会社	三菱地所	正味売却価額は主として不動産鑑定士による鑑定評価額を使用しております。
	三井不動産	正味売却価額は収益還元価額又は取引事例等を勘案して算定しています。

（出所：「日本生命の現状2018」，「第一生命アニュアルレポート2018」，「REPORT SUMISEI 2018」，「明治安田生命の現況2018」，三菱地所2018年3月期「有価証券報告書」，三井不動産2018年3月期「有価証券報告書」）

（2）使用価値を算定する際に使用される割引率の考え方

　使用価値は，資産または資産グループに係る将来キャッシュ・フローを後述の方法に基づく割引率を用いて現在価値に割り引くことにより算定されます。資産または資産グループに係る将来キャッシュ・フローがその見積値から乖離するリスクが，将来キャッシュ・フローの見積りに反映されていない場合，使用価値の算定に用いられる割引率として以下の4つを単独で使用することや総合的に勘案したものとすることが認められています（減損適用指針第45項）。

　①　当該企業における資産または資産グループに固有のリスクを反映した収益率

② 当該企業に要求される加重平均資本コスト

③ 類似の資産または資産グループに固有のリスクを反映した市場平均収益率

④ 当該資産または資産グループのみを裏付け（ノンリコース）としたときに適用されると見積もられる利率

　上記の，あるいはこれらを勘案して算定された割引率には貨幣の時間価値だけでなく将来キャッシュ・フローがその見積値から乖離するリスクも含まれます。一方，見積値から乖離するリスクが将来キャッシュ・フローに反映されている場合は，割引率は貨幣の時間価値だけを反映したリスクフリーレートとなります。

　このように，使用価値の算定に用いられる割引率について複数の算定方法が認められていますが，これはすべての状況に画一的に適用可能な割引率の算定方法は存在せず，それぞれの状況に応じて適切な割引率の算定方法が異なるためだと考えられます。

　ただし，重要な減損損失を認識した場合には，図表3-23-2に記載のとおり，使用価値の算定に使用した割引率を注記することが求められています（減損適用指針第58項(5)）。これは「割引率は，企業に固有の事情を反映して見積られることから開示を行うことが適当であり，また，翌期以降，当該資産又は資産グループの収益性を反映する情報である」ためです（減損適用指針第141項）。

図表3-23-2　2018年3月期各社の使用価値算定に使用した割引率

分類	会社名	使用価値算定
生命保険会社	日本生命	原則として将来キャッシュ・フローを3.0%で割り引いて算定しております。
	第一生命ホールディングス	将来キャッシュ・フローを2.34%で割り引いて算定しております。
	住友生命	将来キャッシュ・フローを5.0%で割り引いて算定しております。
	明治安田生命	見積乖離リスクを反映させた将来キャッシュ・フローを1.92%で割り引いて算定しております。
不動産会社	三菱地所	将来キャッシュ・フローを主として5%で割り引いて算定しております。
	三井不動産	将来キャッシュ・フローを5.8～6.2%で割り引いて算定しています。

（出所：「日本生命の現状2018」，「第一生命アニュアルレポート2018」，「REPORT SUMISEI 2018」，「明治安田生命の現況2018」，三菱地所2018年3月期「有価証券報告書」，三井不動産2018年3月期「有価証券報告書」）

9　保険業法第113条繰延資産

Q3-24　保険業法第113条繰延資産とは

保険業法第113条繰延資産とは何でしょうか。

Answer Point 👆

- 保険会社の損益構造の特殊性から，保険業法によって特別に認められた繰延資産です。

解　説

（1）保険業法第113条繰延資産

　保険会社は，当該保険会社の成立後の最初の5事業年度の事業費に係る金額その他内閣府令で定める金額を，貸借対照表の資産の部に計上することができます（業法第113条，業規第61条の2）。

　新設の保険会社では，初期に多額のシステム構築等の支出を要すること，また，代理店手数料・契約査定費用等の新契約費（新契約費については，Q3-33参照）は保険契約の契約初期である支出時に費用計上されること等，設立当初は保険料収入よりも事業費等の支出が多くなる場合があります。また，新規契約数が急激に増加すると，保有契約の増加に伴い責任準備金の繰入れが多くなるので，保有契約件数に対する新契約件数の割合が大きい新設会社では特に会計上の費用が多額に生じることがあります。そのため，保険事業からの会計上の費用を生じさせないように，事業費等の繰延べという特例が認められているものです。

（2）保険業法第113条繰延資産の内容

保険業法第113条に規定する内閣府令で定める金額とは，次に掲げるものです。

① 　会社法第28条第3号（定款の記載または記録事項）の発起人の報酬その他の特別の利益および同条第4号の設立に関する費用（定款の認証の手数料および会社法施行規則第5条各号に掲げるものを含む）（相互会社にあっては，業法第24条第1項第2号の報酬その他の特別の利益および同項第3号の設立に関する費用（定款の認証の手数料および第20条各号に掲げるものを含む））として支出した金額

② 　開業準備のために支出した金額

（3）保険業法第113条繰延資産を計上した場合の留意事項

保険業法第113条の規定により事業費等を繰り延べた場合には，当該保険会社は定款で定めるところにより，当該計上した金額を当該保険会社の成立後10年以内に償却しなければなりません（業法113条）。また，保険業法第113条繰延資産をすべて償却しなければ，剰余金の配当を行うことはできません（業法17条の6）。

（4）税務上の取扱い

保険業法第113条の規定により事業費等を繰り延べられた支出額は，税法上は繰り延べることは認められていないため，支出時に損金算入されます。

10 代理店貸・借

Q3-25 損害保険会社の代理店貸

損害保険会社における代理店貸の会計処理について教えてください。

Answer Point

- 代理店貸は，代理店への委託業務から生ずる保険会社の代理店に対する債権を処理する勘定科目です。
- 損害保険会社では，貸借対照表上，保険会社と代理店との間の債権と債務を相殺し，純額で代理店貸が計上されています。

解説

（1）代理店貸とは

保険会社は，特定保険募集人（業法第276条）を通じて保険契約を募集します。特定保険募集人の１つに代理店があります。保険会社は，代理店と委託契約を締結することで，保険契約の募集，保険料の集金等の業務（以下，「委託業務」という）を代理店に委託します。代理店貸は，その委託業務から発生する保険会社と代理店との間の債権を処理する勘定科目です。なお，保険会社が代理店に業務を委託するためには，代理店が内閣総理大臣の登録を受けていることが必要です（業法第276条）。

代理店貸は，保険会社の代理店に対する債権を処理するため，主に，代理店経由で収納する保険料のうち，未だ代理店から送金を受けていない保険料が代理店貸に計上されます。

（2）損害保険会社における代理店貸借の計上実務

　実務上，損害保険会社と代理店との間の債権と債務の精算は純額で行われます。すなわち，損害保険会社は，代理店が契約者から収納した保険料から代理店に支払うべき手数料を控除した額を受け取るため，損害保険会社にとって代理店との債権と債務を両建てで管理する意義は乏しいといえます。また，損害保険会社の貸借対照表の様式は保険業法施行規則別紙様式に定められていますが，当様式に代理店との間の債務を表す科目が負債側には記載されていません。

　なお，貸借対照表において債権と債務を相殺表示するには，以下の要件をすべて満たす必要があるとされていますが（金融商品会計に関する実務指針第140項），同一の代理店に対して委託契約に基づき双方合意の上で純額での精算を実施することから，損害保険会社と代理店との間の債権と債務の相殺表示は，通常，この3要件をすべて満たすと考えられます。

> ①　同一の相手先に対する金銭債権と金銭債務であること
> ②　相殺が法的に有効で，企業が相殺する能力を有すること
> ③　企業が相殺して決済する意思を有すること

（3）代理店貸の会計処理

　上述のとおり，損害保険会社と代理店との間の債権と債務の精算は純額で行われるため，元受保険料および代理店手数料の計上にかかわる仕訳は以下のとおりになります。

　なお，代理店貸は金銭債権に該当するため，毎期回収可能性を見積もる必要があります。

```
（借）代 理 店 貸　　×××　　（貸）元 受 保 険 料　　×××
　　　代 理 店 手 数 料　　×××
```

11 再 保 険

Q3-26 再保険の会計処理

保険会社の再保険の会計処理について教えてください。

Answer Point

- 一定の条件を満たす再保険者に出再した場合は，当該出再部分の責任準備金および支払備金を積み立てないことができます。
- ただし，不積立ての責任準備金および支払備金の額を貸借対照表および損益計算書に注記することが求められています。
- 代理店貸・借と同様に，再保険貸・借，外国再保険貸・借が存在します。
- 再保険に関する各取引の損益計算書への反映の方法は，生命保険会社と損害保険会社で異なります。
- 出再会社が再保険締結時に将来の収益の一部または全部を手数料として収受できる財務再保険については，当該手数料を責任準備金として積み立てなければなりません。

解 説

(1) 責任準備金および支払備金の不積立て

① 不積立てが可能な再保険者

保険会社が以下のような再保険者に出再した場合は，当該出再部分の責任準備金および支払備金を積み立てないことができます（業規第71条1項，第73条3項）。

(a) 保険会社

(b)　外国保険会社等

(c)　保険業法第219条第1項に規定する引受社員であって保険業法第224条第1項の届出のあった者

(d)　外国保険業者のうち，(b)・(c)に掲げる者以外の者であって業務または財産の状況に照らして，当該再保険を付した保険会社の経営の健全性を損なうおそれがない者（具体的な例示は，監督指針Ⅱ-2-1-4(8)②にあります）

②　不積立額の注記

　上記①で積み立てなかった責任準備金および支払備金の額については，貸借対照表に，また，責任準備金繰入（戻入）額および支払備金繰入（戻入）額に算入されなかった額については損益計算書に注記することが求められています（業規別紙様式第7号，第7号の2，第12号および第12号の2）。

③　不積立てとリスク管理

　責任準備金および支払備金の不積立ての条件を満たす再保険者に対しても，無条件に不積立てとするのではなく，再保険の機能であるリスク移転等に着目して判断することが求められています。

　具体的には，監督指針Ⅱ-2-1-4(8)①で，以下のように規定されています。

> 　保険契約を再保険に付した場合に，当該再保険を付した部分に相当する責任準備金を積み立てないことができるとされているが，この取扱いの可否は，当該再保険契約がリスクを将来にわたって確実に移転する性質のものであるかどうかや，当該再保険契約に係る再保険金等の回収の蓋然性が高いかどうかに着目して判断すべきであること。
> 　なお，回収の蓋然性の評価にあたっては，少なくとも再保険契約を引き受けた保険会社又は外国保険業者の財務状況について，できる限り詳細に把握する必要があること。

④　米国会計基準との相違

　米国会計基準では，出再した部分に相当する金額を責任準備金や支払備金（負債）から減額するのではなく，資産として計上することとされています

（ASC 944-310-45- 5 および 944-340-25- 1 ）。

(2)（外国）再保険貸と（外国）再保険借

代理店貸と代理店借と同様に，再保険についても再保険貸，再保険借，外国再保険貸，外国再保険借の各勘定科目が存在します。

具体的には，

- 再保険貸：国内の（再）保険者からの未収再保険金，未収受再保険料等
- 再保険借：国内の（再）保険者への未払再保険料，未払受再保険金等

を指し，（再）保険者が国外の場合は，それぞれ外国再保険貸および外国再保険借として記載します。

(3) 再保険取引の損益計算書への反映

再保険取引の損益計算書への反映の方法は，生命保険会社と損害保険会社とでは異なります。具体的には，図表3-26のとおりです。

図表3-26 再保険取引の損益計算書への反映

取引項目	生命保険会社	損害保険会社
出再保険料	再保険料（費用）	正味収入保険料（収益）のマイナス
出再解約返戻金	再保険収入（収益）	正味収入保険料（収益）
出再その他返戻金	再保険収入（収益）	正味収入保険料（収益）
出再保険金	再保険収入（収益）	正味支払保険金（費用）のマイナス
出再保険手数料	再保険収入（収益）	諸手数料および集金費（費用）のマイナス
受再保険料	再保険収入（収益）	正味収入保険料（収益）
受再解約返戻金	解約返戻金（費用）	正味収入保険料（収益）のマイナス
受再その他返戻金	その他返戻金（費用）	正味収入保険料（収益）のマイナス
受再保険金	保険金（費用）	正味支払保険金（費用）
受再保険手数料	その他の経常費用（費用）	諸手数料および集金費（費用）

損害保険会社においては，正味収入保険料や正味支払保険金が重要な経営指標であるため，元受，出再および受再の各取引における保険料および保険金が，正味収入保険料および正味支払保険金に集約される形になっています。

（4）財務再保険と責任準備金

　出再会社が再保険締結時に将来の収益の一部または全部を手数料として収受できる再保険を財務再保険といいます。財務再保険で収受した手数料は，責任準備金として積み立てなければなりません（業規第71条第2項）。

　具体的な財務再保険の要件については，「保険業法施行規則第71条第2項の規定に基づく金融庁長官が定める再保険」（平成10年6月8日大蔵省告示第233号）に定められています。

12 特別勘定

Q3-27 生命保険会社の変額保険

生命保険会社の変額保険の会計処理について教えてください。

Answer Point ☝

- 変額保険は，その運用実績を保険金等に反映させる商品です。
- 運用実績を直接契約者に還元するため，特別勘定として区分経理します。
- 変額保険に最低保証が付されている場合には，最低保証リスクに対する責任準備金の計上が必要です。

(1) 変額保険の商品の概要

　生命保険は，資産の運用の結果に応じて保険金額が変動するか否かにより定額保険と変額保険に分類することができます。定額保険は，保険金額が一定であり，解約返戻金額については予定利率に基づく一定の金額の支払が保証されます。

　一方，変額保険は，投資信託等で運用され，保険金額や解約返戻金額がその運用実績に基づいて積立金に反映されます。したがって，変額保険は経済の情勢や資産の運用の成果によって高い収益を期待できる一方，株価や債券価格の下落，為替の変動等により，解約返戻金等が払込保険料を下回る可能性があり，損失が生じるおそれがあります。このような，変額保険（有期型，最低死亡保証付）の積立額の変動をイメージしたものが図表3-27-1です。

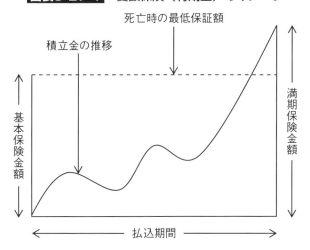

図表3-27-1　変額保険（有期型）のイメージ

死亡時の最低保証額

積立金の推移

基本保険金額

満期保険金額

払込期間

（2）区分経理および特別勘定の会計処理

　変額保険のように，保険料として収受した金銭を運用した結果に基づいて保険金，返戻金その他の給付金を支払う保険契約については，その運用の成果を直接契約者に還元するため，区分経理が求められます。ここで区分経理とは，定額保険に関する資産を管理運用するための勘定（一般勘定）と明確に区分し，特別勘定として管理運用することをいいます（業法第118条第1項，業規第75条の2第1項第1号）。

　特別勘定として管理運用されている資産等の会計処理にあたっては，経理処理の原則（会社法，保険業法その他の法令等に準拠して適切かつ健全な経理処理を行い，営業（または事業）の実態を明らかにする）によるほか，次の点に留意します。

- 各特別勘定の経理処理ならびに特別勘定の積立金の計算における資産の評価および費用・収益の認識基準は，各特別勘定ごとに同一の原則による。
- 有価証券：売買目的有価証券として評価する（期末時において時価評価し，評価差額は損益として処理する）。
- 責任準備金：特別勘定における収支の残高を積み立てる（業規第69条第4項第3号）。この場合，収支には初期投資に係るものを含めない。

- 未収収益：特別勘定で保有する市場価格のある株式（外国株式を含む）の配当金について，当該株式の配当権利落日の属する事業年度において配当見積額を収益に計上する。

なお上述の「初期投資」とは，変額保険の発売当初は特別勘定の規模が小さく，資産運用が非効率となったりリスク分散を図ることが困難になることから，これに対処するために一般勘定から特別勘定へ一時的に振り替えられる資金のことをいいます。特別勘定の規模が大きくなれば，初期投資部分は特別勘定から一般勘定に振り替えられます。

（3）変額保険に最低保証が付されている商品の場合の会計処理

一般的に，変額保険には死亡保険金について運用実績にかかわらず基本保険金額を保証する最低保証が付されており，このほか，変額年金保険の年金支払開始時に年金原資を保証する等の商品があります。死亡時や年金支払開始日等における積立金が最低保証の金額を下回っている場合，積立金と最低保証の金額との差額を保険会社が負担することとなります。このような最低保証リスクを適切に管理し，将来の債務履行に十分に備えるため，変額保険に最低保証が付されている商品については，次のように責任準備金を計上します。

2005年4月1日以降に締結した契約は，最低保証リスク額を標準的方式または代替的方式で計算した金額を標準責任準備金として計上し，収支の残高を責任準備金に計上します（業規第68条第3項および金融庁告示第59条（平成16年10月22日））。

2005年3月31日以前に締結した契約は，標準責任準備金の対象外のため，収支残高のみを責任準備金として計上し，上記の最低保証リスク額の標準責任準備金は計上されません（業規第68条第1項第1号および業規第69条第4項第3号）。ただし，毎決算期において保険料積立金を十分に積み立てているかどうかの分析（将来収支分析）を行い，不足額が認められれば必要な積立てを行うこととなり，危険準備金IIIの対象になりますので注意が必要です（監督指針II-2-1-3-2）。危険準備金についてはQ3-8を参照してください。

（4）表示および開示上の取扱い

特別勘定に係る資産負債・損益の表示および開示は，以下のように取り扱われます。

図表3-27-2　特別勘定に係る表示の取扱い

記載箇所	内　容	表示科目
貸借対照表	特別勘定における有価証券	有価証券の内容に応じて「外国証券」，「その他の証券」等として表示する。
	特別勘定の収支として積み立てた責任準備金	「責任準備金」として表示する。
損益計算書	特別勘定から生ずるすべての資産運用損益	「特別勘定資産運用益」または「特別勘定資産運用損」として表示する。 損益計算書の表示にあたっては，特別勘定資産運用益と特別勘定運用損の差額で計上する。
	特別勘定の収支として積み立てた責任準備金の繰入額・戻入額	「責任準備金繰入額」または「責任準備金戻入額」として表示する。

図表3-27-3　特別勘定に係る開示の取扱い

記載箇所	記載内容
貸借対照表の注記	特別勘定における有価証券（売買目的有価証券）の評価基準，評価方法を記載する。
	保険業法第118条第1項に規定する特別勘定の資産および負債の額を記載する。
附属明細書	特別勘定の資産および負債の内訳とその金額を記載する。なお，特別勘定を複数設けている場合はその合計額を記載する。

13 保険料・保険金

Q3-28 保険料の会計処理

保険料の計上基準や会計処理について教えてください。

Answer Point

- 保険料の収益計上基準は現金主義ともいわれています。
- 現金主義で計上された保険料は，決算で責任準備金を計上することにより発生主義への修正が行われます。
- なお，2018年3月に「収益認識に関する会計基準」が公表されていますが，保険法における定義を満たす保険契約については，適用範囲に含めないこととされています。

解　説

(1) 保険料の収益計上基準

　生命保険会社および損害保険会社では，保険料の収益計上基準は現金主義ともいわれており，基本的には保険料受領時に収入金額が収益として計上されます。

　生命保険会社では，「決算期までに収入されなかった保険料は，貸借対照表の資産の部に計上してはならない」（業規第69条第3項）ものとされており，未収保険料の計上が禁止されています。

　これは，生命保険契約では，保険料の不払いのまま一定の猶予期間が経過した場合には契約が失効する旨を約款で定めるのが一般的であり，保険会社側では保険料の支払を強制できず，未収保険料を債権としてとらえることができないことによります。

　一方，損害保険会社では，元受保険料の計上は入金報告書および申込書等不備のない必要書類が揃った時点でその事業年度の収入に計上することとされており（監督指針Ⅱ-2-1-4⑸①），現金の収入時または現金の収入とみなせる時点で保険料を受領したと考え，収益計上する点では生命保険会社と実質的に同様です。

　しかし，回払保険料の計上のうち次回以後保険料の計上については，決算の締切日までに保険契約に定める保険料支払期日応当月が到来しているものはその事業年度の収入として計上することとされています（監督指針Ⅱ-2-1-4⑸②）ので，未収保険料の計上は禁止されていません。

　なお，2018年3月に「収益認識に関する会計基準」（企業会計基準第29号）が公表されていますが，保険法（平成20年法律第56号）における定義を満たす保険契約については，同会計基準の適用範囲に含めないこととされています（収益認識に関する会計基準第3項⑶参照（詳細はQ3-39参照））。

（2）保険料の会計処理

　保険契約は，法律上は，「保険申込者による申込み」と「保険会社による引受けの承諾」により成立します。生命保険会社でも損害保険会社でも，新規保険契約の保険料収入は，保険契約が成立し，保険会社の責任が開始された時に収益として計上されます。

　責任の開始とは，保険会社が保険契約上の保障を開始するという意味であり，保障が開始される日のことを責任開始日といいます。

　以下では，保険料の具体的な会計処理について，生命保険会社における①新規保険契約に関する1回目の保険料（初回保険料）と②継続保険契約に関する2回目以降の保険料（次回後保険料）に分けて説明します。

　なお，約款上，「第1回保険料の払込み」を責任開始の要件としない保険会社もありますが，ここでは「第1回保険料の払込み」を責任開始の要件とする場合を取り扱います。

①　初回保険料の会計処理

　新規保険契約の初回保険料の収益計上について，以下の2つのケースを考え

ます。

ケース1 承諾後に第1回保険料を受領するケース

ケース1は，保険会社の承諾による契約成立後に，第1回保険料の払込みが行われるケースです。この場合には，入金時点で責任が開始することとなります。

ここで，当事業年度の決算日を上記Bとすると，決算日前に入金がある（責任開始となる）ため，当事業年度の保険料として収益計上されます。

一方で，上記Aが決算日の場合には，決算日後に入金がある（責任開始となる）ため，翌事業年度の保険料として収益計上されます。

ケース2 承諾前に第1回保険料を受領するケース

ケース2は，保険会社の承諾前に第1回保険料の払込みが行われるケースです。この場合には，入金時点では契約は成立しておらず，仮受金が計上されます。

> （借）現金及び預貯金 ×××　（貸）仮　　受　　金 ×××

その後，保険会社の診査による承諾が行われた時点で契約が成立し，保険料が計上されます。

> （借）仮　　受　　金 ×××　（貸）保　　険　　料 ×××

ここで，当事業年度の決算日を上記Dとすると，契約の成立および責任開始

が当期中に行われているため，当事業年度の保険料として収益計上されます。

　一方で，上記Cが決算日の場合で，保険会社が定めた合理的な決算事務処理期間内に承諾が行われた場合には，決算処理にて仮受金からの保険料への振替が行われ，保険料が計上されることになります。

　なお，損害保険会社での保険料の受領は，伝統的な代理店扱いとして現金を代理店を経由して受け取るもののほか，最近では口座振替契約によるもの，クレジットカード払いによるもの，あるいは，損害保険会社が直接取り扱うもの（インターネット等を利用した通信販売など）がありますが，損害保険会社に直接に現金の入金がなくとも，入金報告書などの受領があった時点で保険料が収益計上されることとなります。たとえば，クレジットカード払いの保険料の計上は，クレジットカード会社からの利用承認の連絡を受けた時点で保険料の入金があったものとみなし，保険料を収益計上します。

　伝統的な代理店扱いの場合の会計処理については，Q3-25を参照してください。

②　次回後保険料の会計処理

　次回後保険料についても，初回保険料と同様に，入金を基準として収益が計上されます。具体的には，保険契約者からの入金があった時点で仮受金を計上し，入金情報と契約内容との一致が確認された時点で，仮受金から保険料への振替が行われます。

　なお，損害保険会社では，上記（1）でも記載したとおり，回払保険料の計上のうち次回後保険料の計上については，入金がなくとも決算の締切日までに保険契約に定める保険料支払期日応当月が到来しているものはその事業年度の収益として計上します。

(3) 発生主義への修正

　上記のとおり，保険料は実質的に現金主義により収益計上されますが，受領した保険料には，翌事業年度以降に対応する分も含まれているため，このままでは発生主義による適正な期間損益が算定されません。

　そのため，発生主義に基づく適正な期間損益計算を行うため，入金のあった

保険料のうち未経過期間に対応する部分については，決算修正により，翌期以降に繰り延べます。決算修正にあたっては，保険料勘定そのものの減額修正を行うのではなく，責任準備金の1つである未経過保険料を用います。

　具体的には，入金のあった保険料のうち翌期以降に対応する部分を未経過保険料として積み立てて費用計上するとともに，前期決算で計上した未経過保険料残高の戻入れを行うという洗替処理を行います。未経過保険料を保険期間経過に応じて洗替処理することで，発生主義による損益計算への修正が行われます。

　なお，損益計算書においては，当該戻入額と繰入額とを相殺した後の金額を，「責任準備金繰入額」または「責任準備金戻入額」として表示します。

Q3-29　一時払い商品の収益と責任準備金の計上

　生命保険会社の一時払い商品の収益および責任準備金の計上方法について教えてください。

··Answer Point ☝·······················

- 保険料の払込方法は，その払込頻度により一時払いと平準払いに分類されます。
- 一時払いと平準払いでは，責任準備金の計上に相違があり，平準払いでは未経過保険料として計上されますが，一時払いでは保険料積立金として計上されます。
- 一時払い保険料は，その全額が保険料として収益計上されるとともに，大部分の金額が責任準備金繰入額として費用計上されるため，取扱金額の増減が保険会社の損益計算書に大きな影響を与えます。

（1）一時払いと平準払い

　一時払いとは，保険料の払込方法を払込頻度（回数）により分類した場合の1つの方法であり，保険期間全体の保険料全額を保険契約時に一度に払い込む方法です。また，一時払いに対して平準払いと呼ばれる払込方法があります。これは定期的な払込期限をもつ方法であり，年払い，半年払い，月払いがあります。

　なお，まとめ払いと呼ばれる保険料の払込方式がありますが，これは一時払いや平準払いとは別の制度です。まとめ払いは，一時的な収入が得られた場合などに将来の保険料を前もって払い込むものであり，一括払い制度（月払い契約で数カ月分を支払う制度）と前納制度（年払いまたは半年払い契約で数年分

を支払う制度）があります。

それぞれの関係は，図表3-29-1のとおりです。

図表3-29-1 保険料の払込方法

払込方法		払込みのタイミングおよび頻度等	関連するまとめ払い
一時払い		契約時に一度に全額	―
平準払い	年払い	年に1回	前納制度
	半年払い	半年に1回	前納制度
	月払い	毎月1回	一括払い制度

（2）一時払いに関する保険料の計上

Q3-28で説明したとおり，保険業法上，保険料の収益計上基準として現金主義が採用されています。したがって，保険料の払込方法（頻度）やその対象期間にかかわらず，保険料受領時に収入金額の全額が収益として計上されます。

そのため，たとえば保険期間10年契約について保険料を一時払いで収受した場合であっても，その全額が当期の保険料として計上されることになります。

（3）一時払いに関する責任準備金の計上

Q3-28において説明したとおり，保険料収入のうち，未経過期間に対応する部分については，未経過保険料として責任準備金に計上されます。しかしながら，保険料の払込方法が一時払いの場合には，未経過保険料は計上されません。

未経過保険料は，保険期間の未経過期間（保険契約に定めた保険期間のうち，決算期において，まだ経過していない期間）に対応する収入保険料を積み立てたものです。一時払いを除いた払込方法（年払い，半年払いおよび月払い）ごとに，1回分の保険料の期間按分額が計上され，一括払い制度や前納制度による保険料の未経過部分も未経過保険料に含められます。

一方，一時払い保険料については，未経過保険料ではなく，保険料積立金として責任準備金に計上されます。保険料積立金は，保険契約に基づいて将来の債務の履行（保険金などの支払）に備えるために積み立てるものですが，一時払い保険料は，保険会社が収受した時点で，この保険料積立金として積み立て

られるものとされています。

　ただし，未経過保険料と保険料積立金は，責任準備金の種類として保険業法上，区分されているものであり，計算方法に違いはあるものの，収受した保険料のうち，保険契約に基づいて将来の債務の履行に備えるために積み立てる準備金という意味では両者に実質的な違いはありません。

（4）一時払い保険料が損益計算書に与える影響

　一時払い保険料が，保険会社の損益計算書に与える影響について，日本生命と第一生命のディスクロージャー誌上の数値を使用して分析します。

①　会社間比較による分析

　まず，日本生命と第一生命の2015年度の損益計算書数値の比較を行います。

図表3-29-2　一時払い保険料の会社間比較

（単位：百万円）

	日本生命 2015年度	第一生命 2015年度
保険料収入	6,080,915	2,866,602
個人保険	3,258,020	1,556,357
うち一時払い	1,330,970	360,648
うち平準払い	1,927,049	1,178,045
（一時払い比率）	（41%）	（23%）
個人年金保険	518,919	366,831
うち一時払い	4,281	2,021
うち平準払い	514,637	258,055
（一時払い比率）	（1%）	（1%）
その他	2,248,888	908,512
責任準備金繰入	2,234,601	143,236
うち保険料積立金 　（対保険料比率）	1,387,546 （23%）	22,572 （1%）

　保険料収入のうち個人保険に占める一時払いの比率を比較すると，日本生命では41%，第一生命では23%であり，日本生命の方が一時払いの割合が相対的に高くなっています。

　両社の同年度の責任準備金（特に保険料積立金）の積立状況を比較すると，日本生命では保険料収入に対する保険料積立金繰入額の割合が23％であるのに対して，第一生命では１％となっています。

　上記のとおり，一時払い保険料の大部分が，保険料の収受された年度に保険料積立金に積み立てられるため，一時払いの割合が高い日本生命の方が保険料積立金の繰入割合が高くなっています。

② 期間比較による分析

　次に，日本生命の2015年度と2016年度の損益計算書数値の比較を行います。

図表3-29-3 一時払い保険料の期間比較

（単位：百万円）

	日本生命 2015年度	日本生命 2016年度
保険料収入	6,080,915	4,647,334
個人保険	3,258,020	2,443,961
うち一時払い	1,330,970	390,347
うち平準払い	1,927,049	2,053,612
（一時払い比率）	（41％）	（16％）
個人年金保険	518,919	682,503
うち一時払い	4,281	33,195
うち平準払い	514,637	649,306
（一時払い比率）	（1％）	（5％）
その他	2,248,888	1,466,384
責任準備金繰入	2,234,601	1,214,378
うち保険料積立金	1,387,546	873,700
（対保険料比率）	（23％）	（19％）

　日本生命では，個人保険に関して，2016年度の一時払い保険料の割合が低下し，保険料収入が大きく減少しています。上記のとおり，一時払い保険料は収受された年度にその全額が収益として計上されるため，一時払い商品の販売の多寡が，保険料収入に大きな影響を与えているものと考えられます。

　また，これに伴って，2016年度の保険料積立金の繰入額が大きく減少していることもわかります。

Q3-30　保険金等の計上

保険金等の内容と計上基準および会計処理について教えてください。

Answer Point

- 生命保険会社，損害保険会社ともに，保険金等は，期中では原則として，支払時に費用計上する現金主義によります。
- 決算時において支払備金を計上することで発生主義への修正が行われます。

解説

(1) 保険金等の概要

　生命保険会社における保険金等は，損益計算書上，保険金等支払金として表示されますが，その内訳科目とその内容は図表3-30-1のとおりです。

図表3-30-1　生命保険会社における保険金等支払金内訳科目とその内容

P/L科目	内　　容
保険金	「約款所定の支払事由」により支払った保険金の金額を計上する。（死亡保険金，災害保険金，高度障害保険金，満期保険金など）
	【「約款所定の支払事由」の例】 • 被保険者の保険期間中の死亡（死亡保険金） • 被保険者の保険期間満了までの生存（満期保険金）
年金	年金支払開始時以降，年金受取人に支払った年金の金額を計上する。
給付金	「約款所定の支払事由」により支払った給付金の金額を計上する。（入院給付金，手術給付金，生存給付金など）

	【「約款所定の支払事由」の例】 ・被保険者の保険期間中の入院（入院給付金） ・子供である被保険者の小学校入学（生存給付金）
解約返戻金	契約者からの申し出による保険契約の解約，保険金・年金の減額 （一部解約）や一定期間保険料未納による失効などに伴って支払わ れる返戻金額を計上する。
その他返戻金	保険契約に関する支払額のうち，保険金，年金，給付金，解約返戻 金以外の支払額を計上する。
	【その他返戻金の例】 ・保険契約の無効・取消・解除による返戻金 ・他の保険会社と共同で引き受けた団体年金に関して当社の引受割 　合が低くなった場合の移管額
再保険料	再保険契約に基づき，再保険会社に支払う保険料を計上する（再保 険についてはQ3-26参照）。

　損害保険会社における保険引受に関する費用項目として損益計算書に計上される正味支払保険金の内容は，図表3-30-2のとおりです（再保険については
Q3-26参照）。

図表3-30-2　損害保険会社における正味支払保険金の内容

正味支払保険金＝①支払保険金－②回収再保険金		
①支払保険金＝③元受正味保険金（⑤元受保険金－⑥元受保険金戻入）－④受再正 味保険金（⑦受再保険金－⑧受再保険金戻入）		
③元受正味保 険金	⑤元受保険金：元受保険契約に基づいて保険契約者に支払った損害 填補金や事故に直接関連して発生した保険金付帯費用を計上する。ただし，当年度に計上した元受保険金にかかる求償金などの 回収金は元受保険金のマイナスとして扱う。	
	⑥元受保険金戻入：前期以前に計上した元受保険金にかかる求償金 などの回収金を計上する。	
④受再正味保 険金	⑦受再保険金：⑤に準じる（受再保険契約に基づいて出再者に支払っ た再保険金などを計上する。ただし，当年度に計上した受再保険 金にかかる求償金などの回収金は受再保険金のマイナスとして扱 う）。	
	⑧受再保険金戻入：⑥に準じる（前期以前に計上した受再保険金に かかる求償金などの回収金を計上する）。	
②回収再保険金＝⑨再保険金－⑩再保険金割戻		

| ⑨再保険金 | 出再保険契約に基づく回収再保険金を計上する。ただし，当年度に計上した再保険金にかかる求償金などの支払金を再保険金のマイナスとして扱う。 |
| ⑩再保険金割戻 | 前期以前に計上した再保険金にかかる求償金などの支払金を計上する。 |

(2) 保険金等の計上基準および決算時の会計処理

　生命保険会社，損害保険会社ともに，期中では原則として，保険金等の支払時に支出額を費用計上する現金主義によりますが（例外についてはQ 3 -31参照），決算時には発生主義による費用認識へと修正を行うための処理が必要となります。

　そのため，すでに支払事由が発生しているものの，期末時点で支払が完了していない未払いの保険金等について，決算修正の一環として負債に「支払備金」を計上します。この未払部分については，期末時点で支払事由の発生の報告を受けているものと，受けていないものがあり，それぞれ普通備金，IBNR備金（Incurred But Not Reported）と呼ばれています（詳細はQ 3 - 1 ～ Q 3 - 3 参照）。

　支払備金と保険金等との関係は，図表 3 -30- 3 のとおりです。

図表3-30-3　支払備金と保険金等の関係

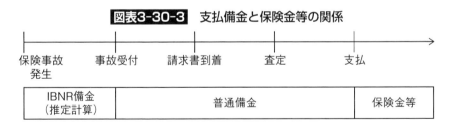

Q3-31 保険金据置受入金（支払金）

生命保険会社の保険金据置受入金（支払金）の会計処理について教えてください。

Answer Point 👆

- 保険金据置とは，契約者が死亡保険金や満期保険金，生存給付金など（以下，「保険金等」という）を，即座に受け取らずに生命保険会社に預けておくことをいいます。
- 保険金据置時の会計処理は，保険金等を相手勘定として保険金据置受入金を収益計上し，その後，据え置いた保険金等の支払時に，保険金据置支払金として費用計上します。

解説

（1）保険金据置とは

　保険金据置とは，支払事由が発生した死亡保険金や満期保険金，生存給付金などの全部またはその一部を，保険契約者の意思（選択）により，即座に受け取らずに生命保険会社に預けておくことをいいます。なお，損害保険会社の多くは，保険金据置制度を採用していません。

　保険会社は，据置した後，保険契約者が支払を希望するまでの期間について一定の利息を付すことになります。

　この保険金据置制度は，保険会社にとっては顧客に対するサービスという側面が強く，それ自体で積極的に利益の獲得を意図するものではありませんが，かつての保険契約者との間で，据置金の受入れという関係を継続させることにより，新たな保険契約の営業の可能性を維持するという営業政策面でのメリットがあると考えられます。

（2）保険金据置の会計処理

　死亡保険金，満期保険金および生存給付金について，保険会社は通常，現金主義で会計処理しますが（保険金の計上基準についてはQ 3 -30参照），保険金据置がなされた場合においては，据置時に保険金等を計上するとともに保険金据置受入金を収益計上し，実際の支払時に保険金据置支払金として費用計上します。

　なお，保険金据置受入金計上時には責任準備金を新たに計上し，保険金据置支払金計上時には責任準備金を取り崩す処理が同時に行われます。

【保険金据置時の会計処理】

（借）保　険　金　等	×××	（貸）保険金据置受入金	×××
（借）責　任　準　備　金	×××	（貸）責任準備金戻入	×××
（借）責任準備金繰入額	×××	（貸）責　任　準　備　金	×××

【実際支払時の会計処理】

| （借）保険金据置支払金 | ××× | （貸）現 金 及 び 預 貯 金 | ××× |
| （借）責　任　準　備　金 | ××× | （貸）責任準備金戻入額 | ××× |

（3）保険金据置の表示

　上記（2）において示した保険金据置受入金および保険金据置支払金は，いずれも損益計算書項目として，それぞれ，その他経常収益およびその他経常費用として独立掲記されます。

　保険金据置受入金は据置時に計上されますが，これに対して，保険金据置支払金は契約者からの請求による支払時に随時計上されます。したがって，同じ損益計算書において計上されている保険金据置受入金および保険金据置支払金に直接の関連性はありません。

　保険金据置受入金は，当期の保険金等のうち，いくらが当期に据え置かれたのか，すなわち現金未支出の金額を意味し，保険金据置支払金は，前期以前の保険金等のうち，いくらが当期に支払われたのか，すなわち現金支出の金額を意味します。

(4) 会計処理および表示の根拠

　上記（2）および（3）において示した会計処理および表示について，会計基準による規定は存在しませんが，保険業法施行規則別紙様式第7号では，損益計算書におけるその他経常収益の内訳科目として保険金据置受入金が，その他経常費用の内訳科目として保険金据置支払金が規定されています。

Q3-32　解約返戻金

解約返戻金の会計処理および表示方法について教えてください。

Answer Point ☝

- 解約とは，保険契約の中途においてその契約の全部または一部を解除することであり，解約返戻金とは，解約に伴い保険会社から保険契約者へ支払われる返戻金のことです。
- 解約返戻金は，生命保険会社と損害保険会社とでは，損益計算書における表示方法が異なります。生命保険会社では解約返戻金として計上しますが，損害保険会社では正味収入保険料または収入積立保険料のマイナスとして処理します。
- なお，解約請求を受けたもののうち，未払い分については，未払金または支払備金として処理します。

解　説

(1) 解約，解約返戻金とは

　保険契約の中途において，その契約の全部または一部を解除することを解約といいます。解約は，保険契約者の意思に基づき保険契約者から保険会社へ解約を請求する場合と，告知義務違反等一定の事由に該当する場合に保険会社が保険契約者へ解約を通知する場合の2つに大別できます。通常，保険契約者と保険会社との間の解約の意思確認は書面により行われ，解約の効力は将来に向かって発生します。

　解約や保険金・年金の減額等に伴い保険会社から保険契約者へ支払われる返戻金を解約返戻金といいます。解約返戻金の原資は，保険契約者からすでに払い込まれた保険料のうち未経過保険料や保険料積立金，払戻積立金に計上され

ている額であり，解約返戻金の具体的な算出方法は，算出方法書に定められています。

(2) 解約返戻金の会計処理

主要な解約返戻金の会計処理として，以下の3パターンが挙げられます。なお，損益計算書における表示方法は **(3)** を参照してください。

① 決算において支払が完了している場合

保険契約者から解約請求を受領し，決算日までに支払が完了している場合，支払額を解約返戻金に計上します。仕訳は以下のとおりです。

(借) 解 約 返 戻 金	×××	(貸) 現金及び預貯金	×××

② 決算において支払が完了していない場合

保険契約者から解約請求を受領し，決算日までに支払が完了していない場合には，未払額を支払備金または未払金に計上します。仕訳は以下のとおりです。

(借) 支 払 備 金 繰 入 額	×××	(貸) 支 払 備 金	×××

または

(借) 解 約 返 戻 金	×××	(貸) 未 払 金	×××

決算上重要なのは，当期に受け付けた解約請求のうち未払いとなっている解約返戻金を網羅的かつ正確に集計し負債に計上することです。また，解約返戻金が未払いとなっている契約が決算日における保有契約として集計されてしまい，支払備金（または未払金）と責任準備金が二重計上されないよう留意が必要です。

③ 保険約款貸付がある場合

保険約款貸付がある場合，貸付金と解約返戻金の相殺が行われ，相殺後の金額が支払われます。決算において支払が完了している場合の仕訳は以下のとお

りです。なお，保険約款貸付についてはQ3-21を参照してください。

(借) 解 約 返 戻 金	×××　　(貸) 貸　　付　　金	×××
	(保険約款貸付)	
	現 金 及 び 預 貯 金	×××

(3) 解約返戻金の表示方法

　生命保険会社と損害保険会社の損益計算書の様式は保険業法施行規則別紙様式に定められています。そして，図表3-32に記載したとおり，生命保険会社は費用勘定に，損害保険会社は収益勘定のマイナスとして表示します。生命保険会社と損害保険会社で表示方法が異なる理由としては，生命保険会社と損害保険会社で重視する経営指標が異なることや，両者の商品性の違いなどが考えられます。

　なお，生命保険会社と損害保険会社の損益計算書の違いの詳細は，Q2-4を参照してください。

図表3-32　生命保険会社と損害保険会社の解約返戻金の表示区分

	解約返戻金の表示区分
生命保険会社	経常費用区分－保険金等支払金－解約返戻金
損害保険会社	経常収益区分－正味収入保険料または収入積立保険料のマイナス

14 事 業 費

Q3-33 保険会社の事業費

保険会社の事業費はどのようなものが計上されていますか。

・保険会社の事業費は一般事業会社の「販売費及び一般管理費」と
類似する費用であり，その内訳は明細で開示されています。

・保険会社に特徴的な事業費の分類方法として付加保険料の構成要
素に着目した方法があります。

・新契約費は保険契約の初期に多額に生じるため，新契約が増加し
た場合には利益を圧迫し事業費率（対収入保険料）が高くなる傾
向があります。

解 説

（1）事業費に集計される経費の内容

　保険会社における事業費は，一般事業会社でいう「販売費及び一般管理費」
と類似する経費であり，保険会社の経営上必要な費用です。生命保険会社およ
び損害保険会社の事業費は附属明細書（有価証券報告書では附属明細表）内の
明細において，その内容が開示されています。

① 生命保険会社

　生命保険会社の場合，事業費の明細は図表3-33-1のとおりであり，営業活
動費，営業管理費，一般管理費が事業費となります。

　営業活動費には営業職員の人件費，募集代理店への手数料，嘱託医への審査

料等が含まれます。営業管理費には募集機関にかかる経費や広告宣伝費等が含まれます。一般管理費には役員や内勤職員の人件費や集金にかかる経費，保険事務関係経費やシステム経費等が含まれます。

図表3-33-1　事業費の明細（生命保険会社）

区　　　分	金　　　額
営 業 活 動 費	
営 業 職 員 経 費	
募 集 代 理 店 経 費	
選 　択 　経 　費	
営 業 管 理 費	
募 集 機 関 管 理 費	
営 業 職 員 教 育 訓 練 費	
広 　告 　宣 　伝 　費	
一 般 管 理 費	
人 　　件 　　費	
物 　　件 　　費	
寄附・協賛金・諸会費	
拠 　　出 　　金	
負 　　担 　　金	
計	

（出所：業規別紙様式第7号第2　事業費の明細）

②　損害保険会社

　損害保険会社における事業費は損益計算書における損害調査費，営業費及び一般管理費ならびに諸手数料及び集金費の合計となり，事業費の明細は図表3-33-2のとおりとなります。

　損害調査費には損害調査業務および保険支払業務に付随して発生する人件費や物件費等が含まれます。営業費及び一般管理費には損害調査費を除く人件費や物件費等が含まれます。諸手数料及び集金費には代理店や集金代行への手数料，受再保険にかかる手数料，出再保険にかかる手数料等が含まれます。

図表3-33-2 事業費の明細（損害保険会社）

区　　分		金　　額
損害調査費・営業費及び一般管理費	人　件　費	
	給　　　　　与	
	退　　職　　金	
	退職給付引当金繰入額	
	厚　　生　　費	
	物　件　費	
	減　価　償　却　費	
	土地建物機械賃借料	
	営　　繕　　費	
	旅　費　交　通　費	
	通　　信　　費	
	事　　務　　費	
	広　　告　　費	
	諸会費・寄附金・交際費	
	その他物件費	
	税　　　　金	
	拠　　出　　金	
	負　　担　　金	
	計	
	（損害調査費）	（　　　　　　　　）
	（営業費及び一般管理費）	（　　　　　　　　）
諸手数料及び集金費	代　理　店　手　数　料　等	
	保　険　仲　立　人　手　数　料	
	募　　　集　　　費	
	集　　金　　費	
	受　再　保　険　手　数　料	
	出　再　保　険　手　数　料	
	計	
事　業　費　合　計		

（出所：業規別紙様式第7号第2　事業費の明細　抜粋）

（2）事業費の分類

　事業費の分類には，付加保険料との対応関係に着目し，事業費を新契約費，維持費，集金費の3つに分類する方法があります。

　保険料には予定する事業費が組み込まれており，この部分が付加保険料となります。保険会社は予定する事業費の範囲で事業費支出を抑えるよう事業費を分析，管理しています。付加保険料は予定新契約費，予定維持費，予定集金費をもとに設定しており，これら3区分で実際に発生した事業費を集計することで付加保険料の構成要素別に事業費を分析することができます。

（3）新契約費の取扱い

　事業費に含まれる新契約費は，営業職員へ支給される比例給，保険募集代理店へ支給される手数料等新契約に対する成功報酬的な性格を有する費用や，保険販売を促進するための費用があります。

　新契約費は新契約を引き受ける際にかかる費用のため，契約の初期において比較的多額に生じるものです。保険料の収入とその収益計上は保険期間にわたり生じますが，新契約費は繰り延べずに発生時（≒支出時）に費用計上するため，新契約費の回収原資である保険料収入とは同一会計期間に対応して計上されず，新契約が増加するほど契約初期段階の損益計算書上の利益を圧迫することとなります。

　ディスクロージャー誌で開示されている事業費率（＝事業費÷収入保険料）は新契約にかかる保険料の割合が大きくなるほど高くなります。したがって，事業費率のみによって保険会社の経営の効率性を判断することは困難であるといえます。この点，米国会計基準では，一定の条件を満たす新契約費を繰延新契約費（Deferred Acquisition Costs）として資産計上し，将来に期待される保険料収入と関連づけて費用化する等の会計処理が行われています。

（4）税務上の取扱い

　保険会社の事業費に係る法人税法上の取扱いは一般事業会社の「販売費及び一般管理費」と同様であり，課税所得計算上，一般的には損金となります。

Q3-34 保険契約者保護機構の負担金

保険契約者保護機構への負担金の会計処理について教えてください。

Answer Point ☝

・保険契約者保護機構は，保険契約者を保護するために保険業法に基づいて設立された法人です。
・実務において，保険契約者保護機構への負担金は，拠出時に費用処理されています。

（1）保険契約者保護機構

保険契約者保護機構（以下，「保護機構」という）とは，保険契約者等の保護を図り，保険業に対する信頼性を維持する目的で保険業法に基づいて1998年12月1日に設立・事業開始した法人です。保険会社が破綻した場合，保護機構は，破綻保険会社の保険契約の移転等における資金援助，補償対象保険金の支払に係る資金援助等を行います（業法第265条の28）。なお，保護機構は，生命保険契約者保護機構と損害保険契約者保護機構として，それぞれ設立されています。

保護機構には下記の特徴があります。

① 保険業法により，保険会社は会員としての加入が義務づけられており，負担金の納付も義務づけられています（業法第265条の3，第265条の33）。

② 保険会社が破綻した場合の資金的援助は，会員の負担金を原資に行われます（業法第265条の32，第265条の33）。

③ 各会員の負担金は，保険業法第265条の34に従い，保険料および責任準備金の金額を基礎に決定されます。

（2）保険会社が破綻した場合の補償限度

①　生命保険会社

　国内で事業を行う生命保険会社の元受保険契約は原則として保護機構の補償対象となり，破綻時点の責任準備金等の90％まで原則として補償されます。

②　損害保険会社

　(a)　自動車保険や火災保険などの損害保険契約の保険金支払については，破綻後3カ月間は保険金を全額支払い（補償割合100％，解約返戻金や満期返戻金部分などを除く），3カ月を過ぎたら補償割合80％となります。

　(b)　医療保険や介護保険などの疾病・傷害に関する保険契約の保険金支払については，補償割合90％となります。

　(c)　自賠責保険や地震保険は補償割合100％となります。

　ただし，生命保険会社や損害保険会社において上記補償限度まで補償されたとしても，保険契約の移転等の際には，予定利率の引下げ等，保険料等の算定基礎となる基礎率が変更されることもありますので，責任準備金等の削減や予定利率の引下げ等の結果，保険金および年金額等が減少することがある場合に留意が必要です。

（3）保護機構への負担金の会計処理

　保護機構への負担金は，拠出時において，生命保険会社では事業費，損害保険会社では営業費及び一般管理費に計上します。また，次期以降の負担金の概算額は貸借対照表に注記します。

（4）保護機構の負担金に関する注記例

■日本生命

保険業法施行令第37条の4に規定する生命保険契約者保護機構の借入限度額の
うち，当社に対応する見積額は，77,113百万円であります。
なお，同機構に拠出した金額は事業費として処理しております。

（出所：日本生命の現状2019）

■第一生命ホールディングス

保険業法第259条の規定に基づく生命保険契約者保護機構に対する当事業年度末
における当社の今後の負担見積額は，45,066百万円であります。なお，当該負担
金は拠出した事業年度の事業費として処理しております。

（出所：第一生命アニュアルレポート2019）

Q3-35　銀行窓販

　銀行窓販による保険商品の販売が行われていますが，手数料等の会計処理についてはどのようになっていますか。

··Answer Point ·····················

- ・わが国では，2001年以降，段階的に銀行窓販が解禁されています。
- ・銀行窓販では，主に一時払い商品が販売されており，保険会社の損益計算書に大きな影響を与えることがあります。
- ・保険会社では，銀行窓販手数料は事業費として計上されます。

解　説

（1）銀行窓販の解禁

　銀行窓販とは，銀行等の預金受入れ金融機関（以下，「銀行」と記載します）が，保険募集代理店となり，保険商品の販売を行うことをいいます。わが国の銀行窓販は，図表3-35に記載のとおり，段階を踏んで解禁されてきました。

　まず，2001年4月に住宅ローン関連の信用生命保険等が解禁され，2002年10月には個人年金保険（定額・変額年金）や財形保険等が窓販商品に加えられました。その後，2007年12月には，販売する保険商品に制限を設けない全面解禁が行われています。

　また，銀行側に課された「弊害防止措置」の1つとして，銀行の融資先企業の役員や従業員への保険販売に規制がありますが，2012年4月以降は一時払い終身保険，一時払い養老保険等，一部商品に限って販売規制が撤廃されています。

図表3-35 銀行窓販解禁の推移

時　期	内　容	解禁された主な商品
2001年4月	住宅ローン関連の信用生命保険等の販売が解禁	• 住宅ローン関連の信用生命保険
2002年10月	個人年金等が販売可能となり，銀行窓販が実質的に解禁	• 個人年金（定額・変額年金） • 財形保険
2005年12月	一時払い養老保険等の貯蓄性の強い保険商品の販売が解禁	• 一時払い終身保険 • 一時払い養老保険 • 短期平準払い養老保険 • 貯蓄性生存保険
2007年12月	窓販対象商品の全面解禁	• 定期保険 • 平準払い終身保険 • 長期平準払い養老保険 • 医療保険，介護保険等
2012年4月	「弊害防止措置」の一部が規制緩和	―

（2）銀行窓販の主力商品

　銀行窓販は，変額年金を中心とする個人年金の販売を中心として成長してきました。上記のとおり，2002年10月に個人年金保険が窓販商品に加えられましたが，個人年金は貯蓄性の強い金融商品の販売に長けた銀行に適合しました。特に変額年金は，資産運用や相続対策としても銀行の顧客に受け入れられ，販売額が大きく増加しました。

　しかしながら，2008年のリーマンショックにより，変額年金は各生命保険会社に多額の運用損をもたらして急収縮しました。これにより，変額年金に代わって，一時払い終身保険が銀行窓販市場での主力商品となっています。

　ただし，いずれにしても，銀行窓販が貯蓄性商品の販売に適した販売チャネルであることに変わりはありません。

（3）銀行窓販が保険会社の業績に与える影響

　上記のとおり，銀行窓販では貯蓄性商品の販売が中心となるため，銀行では保険商品を販売するにあたって，保障機能よりも預金代替商品としてのメリッ

トを顧客に強調します。そのため，保険商品の利回り面での優位性が低下した場合には，他の金融商品に資金が流れる可能性があり，流動性の高い商品であるといえます。

　また，上記のとおり，銀行窓販では一時払い商品の販売が中心であり，1件当たりの保険料が多額となります。Ｑ3-29に記載のとおり，保険会社では，当年度における収入額が一度に収益として計上されるため，損益計算書の保険料収入に直接的に影響します。

　さらに，販売実績が銀行の販売戦略に左右されるという面もあるため，銀行窓販チャネルのウェイトが高い保険会社においては，銀行窓販の販売状況が保険料収入の大きな変動要因となるものと考えられます。

（4）銀行窓販の手数料について

　銀行窓販では，保険商品の販売時に，銀行が保険会社から販売手数料を受け取ります。一般的に，投資信託の手数料率に比較して，変額年金の手数料率は高く設定されていることが多いようです。

　他方で，生命保険会社にとっては，銀行への販売手数料の支払は費用として計上されます。当該費用は，生命保険会社の損益計算書上は，事業費として計上されます。事業費とは，生命保険会社の事業運営に必要な諸経費のことであり，通常「新契約費」，「維持費」，「集金費」に分類されます。銀行に対する販売手数料は，新契約費として事業費に計上されることとなります。

15 税効果会計

Q3-36 生命保険会社の税効果会計

生命保険会社に特有の一時差異項目とそのスケジューリングの考え方について教えてください。

Answer Point

- 生命保険会社に特有の一時差異である支払備金，危険準備金，契約者（社員）配当準備金，価格変動準備金等のうち，課税所得の計算上損金の額に算入されない金額は，将来減算一時差異となり得ます。
- スケジューリングにあたっては，将来減算一時差異の将来解消年度や将来解消額の予測が，過去の準備金等の取崩しによる損金算入の実績や各種データに基づく合理的な将来予測により行われているかがポイントとなります。

解説

（1）生命保険会社に特有の一時差異項目

生命保険会社に特有の一時差異項目としては，保険契約準備金のうち所得の計算上損金の額に算入されない支払備金，危険準備金，契約者（社員）配当準備金（相互会社にあっては社員配当準備金，株式会社にあっては契約者配当準備金。以下同じ）および価格変動準備金が挙げられますが，これらは将来減算一時差異となり得ます。

生命保険会社の負債の多くを占める保険契約準備金等は，将来の不確実性に備えて積み立てられることから，一般的に税務上の損金算入限度額を超えて計

上されており，このため生命保険会社においては，将来減算一時差異が大きく
なる傾向があります。

（2）生命保険会社の保険契約準備金等の税務上の取扱い

　生命保険会社の保険契約準備金等に関する税務上の取扱いについては，法人
税個別通達「生命保険会社の所得計算等に関する取扱いについて」（昭和37年
8月16日直審（法）46）が公表（平成10年12月22日一部改正）されており，主
要な内容としては，図表3-36のとおりとなります。

図表3-36　**生命保険会社の保険契約準備金等に関する税務上の取扱い**

		税務上の取扱い
支払備金	普通支払備金	原則として積立額を損金算入することができる。
	IBNR備金	原則として損金算入が認められていないが，団体定期保険または消費者信用団体生命保険については一定の積立金額を損金算入することができる。
責任準備金	保険料積立金・未経過保険料	原則として「保険料及び責任準備金の算出方法書」に定められている保険料の計算基礎をもとにして算定した額を損金算入 [注1] することができる。
	危険準備金	平準純保険料式で責任準備金の積立てを行っている場合 [注2] は全額損金算入が認められていない。
	追加責任準備金	損金算入は認められていない。
契約者（社員）配当準備金		契約者（社員）配当準備金として繰り入れた金額 [注3] については，配当準備金繰入限度額に達するまでの金額を限度として損金算入することができる。
価格変動準備金		価格変動準備金の繰入額について損金算入は認められていない。また，価格変動準備金を取り崩した場合の取崩益は，益金の額には算入されない。

（注1）「標準責任準備金の積立方式及び計算基礎率を定める件」（平成8年2月29日付大蔵
　　　省告示第48号）の適用を受ける保険契約に係る保険料積立金にあっては，当該告示
　　　により定められている計算基礎をもととして計算した額を保険料積立金の損金算入限
　　　度額とすることができる。
（注2）平準純保険料式以外の方式で責任準備金の積立てを行っている場合には，その額と平
　　　準純保険料式により計算した責任準備金の積立額との差額に相当する危険準備金を損
　　　金算入することができる。
（注3）未払配当の額として繰り入れた部分に限るものとし，法人税法施行令第21条第2項
　　　第1号ハに規定する未払いの契約者配当の額に対して付されている利子相当額は除く。
　　　また，未払配当の額には翌期配当所要額が含まれる。

(3) スケジューリングの考え方

　将来減算一時差異について繰延税金資産を計上できるか否かは，企業会計基準適用指針第26号「繰延税金資産の回収可能性に関する適用指針」に従い，企業の分類，スケジューリングの可否および将来課税所得の見積りの3つのステップを経て決定されます。スケジューリングにあたっては，将来減算一時差異の将来解消年度や将来解消額の予測が，過去の準備金等の取崩しによる損金算入の実績や各種データに基づく合理的な将来予測により行われているかがポイントとなると考えられます。

Q3-37　損害保険会社の税効果会計

損害保険会社に特有の一時差異項目とそのスケジューリングの考え方について教えてください。

Answer Point 👆

- 損害保険会社に特有の支払備金，責任準備金および価格変動準備金のうち，税務上損金の額に算入されない積立て（以下，「有税積立て」という）については，将来減算一時差異となります。
- これらの将来減算一時差異には，解消年度を個別に特定しスケジューリングすることが実務上困難なものが多く含まれます。このような場合には，過去の損金算入実績に将来の合理的な予測を加味した方法等，合理的なスケジューリングが行えるかどうかがポイントとなります。

解　説

(1) 損害保険会社に特有の一時差異項目

損害保険会社の保険契約準備金については，「損害保険会社の所得計算等に関する法人税の取扱いについて（法令解釈通達）」（課法2-24 平成15年12月19日）に基づいて，申告調整が行われています。

また，通常の予測を超えるリスクに対応する危険準備金の積立額は，生命保険会社同様に原則として損金算入が認められませんが，異常危険準備金と地震保険に係る危険準備金の積立てについては，租税特別措置法（第57条の5，第57条の6）および租税特別措置法施行令（第33条の2，第33条の3）において一定の損金算入を認めている点で，生命保険会社にはない特徴があります。

なお，価格変動準備金の積立てについては，生命保険会社同様に損金算入が

認められません。

　税務上の取扱いの概要は図表3-37のとおりで，支払備金および責任準備金の各内訳ならびに価格変動準備金のいずれからも一時差異が生じる可能性があります。特に，IBNR備金，自動車損害賠償責任保険に係る責任準備金（以下，「自賠責責任準備金」という），異常危険準備金，地震保険に係る危険準備金および価格変動準備金等が主要な一時差異項目になるものと考えられます。

図表3-37 損害保険会社の保険契約準備金等に関する税務上の取扱い

			損金算入	益金算入
法令解釈通達	支払備金	普通支払備金	原則として積立額を損金算入可。	税務上の積立額を翌事業年度に益金算入（洗替処理）。
		IBNR備金	元受保険と再保険の別の算式(注1)に基づき保険種別に計算した金額を限度に損金算入可。	
	責任準備金	普通責任準備金	【船舶保険，積荷保険，運送保険，船客傷害賠償責任保険および原子力保険】保険料積立金および未経過保険料の合計額と初年度収支残(注2)のいずれか多い金額を限度に損金算入可。【その他】保険料積立金および未経過保険料の合計額を限度に損金算入可。	
		自賠責責任準備金	義務積立金について損金算入可。調整準備金，運用益積立金，付加率積立金については有税積立て。	
		払戻積立金	原則として保険料および責任準備金の算出方法書による積立額を限度に損金算入可。	
		契約者配当準備金	積立額のうち各契約者に割当済みの金額を限度に損金算入可。未割当額は有税積立て。	
租税特別措置法等		異常危険準備金	火災保険等の特定の保険種類について一定額の損金算入可（詳細については，Q3-11参照）。	取崩額は無税での積立額から取り崩されたものとして取り扱う。
		地震保険危険準備金	資産運用益の積立額の一部を除き，損金算入可。	
その他		その他の危険準備金	全額有税積立て。	
		価格変動準備金	全額有税積立て。	

（注1）以下により計算した金額の直近3事業年度の平均額（再保険による回収額控除後）。

【元受保険】

$$\left(\begin{array}{c}\text{前事業年度以前発生事故}\\\text{に係る当該事業年度の}\\\text{支払保険金}\end{array} + \begin{array}{c}\text{前事業年度以前発生事故}\\\text{に係る当該事業年度末の}\\\text{普通支払備金}\end{array} - \begin{array}{c}\text{前事業年度末の}\\\text{普通支払備金}\end{array}\right) \times \begin{array}{c}\text{発生保険金の}\\\text{伸び率}^{※}\end{array}$$

$$※ \quad \begin{array}{c}\text{発生保険金}\\\text{の伸び率}\end{array} = \frac{\dfrac{\text{当該事業年度の}}{\text{支払保険金}} + \dfrac{\text{当該事業年度末の}}{\text{普通支払備金}} - \dfrac{\text{前事業年度末の}}{\text{普通支払備金}}}{\dfrac{\text{前事業年度の}}{\text{支払保険金}} + \dfrac{\text{前事業年度末の}}{\text{普通支払備金}} - \dfrac{\text{前々事業年度末の}}{\text{普通支払備金}}}$$

【再保険】

$$\left(\begin{array}{c}\text{当該事業年度の}\\\text{支払保険金}\end{array} + \begin{array}{c}\text{当該事業年度末の}\\\text{普通支払備金}\end{array} - \begin{array}{c}\text{前事業年度末の}\\\text{普通支払備金}\end{array}\right) \times \frac{1}{12}$$

（注2）当該事業年度における収入保険料（再保険に係る他の保険者に対する支払保険料を除く）から，当該事業年度における収入保険料に係る保険契約に基づき支払う保険金，返戻金およびその他の給付金の金額（再保険に係る他の保険者から受け取る保険金，返戻金その他の給付金の金額を除く），当該保険契約のために積み立てた支払備金の金額（IBNR備金の金額については損金算入額の12分の11）ならびに当該事業年度の事業費の額を控除した金額。

（2）スケジューリングの考え方

　支払備金，責任準備金および価格変動準備金から生じた将来減算一時差異の多くは，将来の一定の事実の発生により解消するものであるため，期末において損金算入時期を個別に特定することは実務上困難なものです。期末において解消時期が明確でない一時差異（スケジューリングが不能な一時差異）は，期末における将来減算一時差異を十分に上回る課税所得を毎期計上している損害保険会社を除き，原則として，損金算入時期が明確となるまで繰延税金資産の計上が認められません。

　ただし，企業会計基準適用指針第26号「繰延税金資産の回収可能性に関する適用指針」は，過去の損金算入実績に将来の合理的な予測を加味した方法等により，合理的にスケジューリングが行われている場合に限り，損金算入時期が明確でない将来減算一時差異をスケジューリングが不能な一時差異とは取り扱わないものとしています。

　したがって，たとえば将来における支払の合理的な見積額であるIBNR備金については，期末積立額の取崩時期および金額が統計的に予測可能であること

から，その将来減算一時差異の解消見込年度を合理的な方法でスケジューリングし，回収可能性が確認された場合には，繰延税金資産として計上できるものと考えられます。

16　キャッシュ・フロー計算書

Q3-38　キャッシュ・フローの区分

　保険会社のキャッシュ・フロー計算書における営業活動による
キャッシュ・フローと投資活動によるキャッシュ・フローの区分
について教えてください。

Answer Point 👆

- 営業活動によるキャッシュ・フロー区分では主に保険取引にかかる収支，および事業費にかかる収支を示します。
- 投資活動によるキャッシュ・フロー区分では資産運用業務にかかる収支，有形・無形固定資産への投資，売却による収支を示します。
- 営業活動と投資活動のいずれも，保険会社の事業活動そのものであるといえます。

解　説

(1) 保険会社のキャッシュ・フロー計算書

　保険会社のキャッシュ・フロー計算書は，一般事業会社と同様に営業活動，
投資活動，財務活動に区分します。

　営業活動によるキャッシュ・フロー区分では，保険料の収入や保険金，年金，
給付金，解約返戻金等による支出，再保険取引にかかる収支，損害調査費にかかる支出，事業費にかかる支出を示します。利息および配当金の受取や利息の
支払，法人税等の支払，還付額についても営業活動によるキャッシュ・フロー
の区分で示します。

　投資活動によるキャッシュ・フロー区分では，有価証券の取得および売却・償還，貸付けおよびその回収，有形・無形固定資産の取得および売却等による収入・支出を示します。

　保険会社は，保険契約を引き受けることにより契約者から保険料収入を受け取り将来の支払に備えて運用し，会社運営に必要な経費の支払や保険金等の支払に応じて運用資産を取り崩す，という事業活動を行っています。したがって，投資活動の多くが保険会社の事業活動そのものであるといえます。

　なお，財務活動によるキャッシュ・フロー区分では，一般事業会社と同様に資金の調達および返済による収入・支出を示します。

(2) キャッシュ・フロー計算書の表示

　こうした保険会社における事業活動の特徴をもとに，保険業法施行規則別紙様式では図表3-38-1，3-38-2のとおりキャッシュ・フロー計算書のひな形を示しています。

　営業活動と資産運用活動によるキャッシュ・フローの合計値が投資活動によるキャッシュ・フロー内に示されている点が，保険会社の特殊性を表しています。保険会社の資産運用活動は保険料収入を運用することであり，当該活動を通じて政府，企業および個人などに対して資金を供給しています。営業活動と資産運用活動によるキャッシュ・フローの合計値は保険契約者からの保険料収入を将来の支払に備えていかに運用したのかという，キャッシュ・フロー計算書の対象期間における活動の状況を示しているといえます。

図表3-38-1　生命保険株式会社のキャッシュ・フロー計算書（間接法）

科　　　目	金　　額
営業活動によるキャッシュ・フロー	
税引前当期純利益（△は損失）	
賃貸用不動産等減価償却費	
減価償却費	
減損損失	
支払備金の増減額（△は減少）	
責任準備金の増減額（△は減少）	
契約者配当準備金積立利息繰入額	
契約者配当準備金繰入額	
貸倒引当金の増減額（△は減少）	
退職給付引当金の増減額（△は減少）	
価格変動準備金の増減額（△は減少）	
金融商品取引責任準備金の増減額（△は減少）	
保険業法第112条評価益	
利息及び配当金等収入	
有価証券関係損益（△は益）	
支払利息	
為替差損益（△は益）	
有形固定資産関係損益（△は益）	
商品有価証券の増減額（△は増加）	
代理店貸の増減額（△は増加）	
再保険貸の増減額（△は増加）	
その他資産（除く投資活動関連・財務活動関連）の増減額（△は増加）	
代理店借の増減額（△は減少）	
再保険借の増減額（△は減少）	
その他負債（除く投資活動関連・財務活動関連）の増減額（△は減少）	
その他	
小　　　計	
利息及び配当金等の受取額	
利息の支払額	
契約者配当金の支払額	
その他	
法人税等の支払額	
営業活動によるキャッシュ・フロー	

投資活動によるキャッシュ・フロー	
預貯金の純増減額（△は増加）	
買入金銭債権の取得による支出	
買入金銭債権の売却・償還による収入	
金銭の信託の増加による支出	
金銭の信託の減少による収入	
有価証券の取得による支出	
有価証券の売却・償還による収入	
貸付けによる支出	
貸付金の回収による収入	
その他	
資産運用活動計	
（営業活動及び資産運用活動計）	（　　　）
有形固定資産の取得による支出	
有形固定資産の売却による収入	
その他	
投資活動によるキャッシュ・フロー	
財務活動によるキャッシュ・フロー	
借入れによる収入	
借入金の返済による支出	
社債の発行による収入	
社債の償還による支出	
株式の発行による収入	
自己株式の取得による支出	
配当金の支払額	
その他	
財務活動によるキャッシュ・フロー	
現金及び現金同等物に係る換算差額	
現金及び現金同等物の増減額（△は減少）	
現金及び現金同等物期首残高	
現金及び現金同等物期末残高	

（出所：保険業法施行規則別紙様式第７号第６　キャッシュ・フロー計算書）

図表3-38-2　損害保険株式会社のキャッシュ・フロー計算書（間接法）

科　　　目	金　　額
営業活動によるキャッシュ・フロー	
税引前当期純利益（△は損失）	
減価償却費	
減損損失	
支払備金の増減額（△は減少）	
責任準備金の増減額（△は減少）	
貸倒引当金の増減額（△は減少）	
退職給付引当金の増減額（△は減少）	
価格変動準備金の増減額（△は減少）	
金融商品取引責任準備金の増減額（△は減少）	
保険業法第112条評価益	
利息及び配当金収入	
有価証券関係損益（△は益）	
支払利息	
為替差損益（△は益）	
有形固定資産関係損益（△は益）	
商品有価証券の増減額（△は増加）	
その他資産（除く投資活動関連・財務活動関連）の増減額（△は増加）	
その他負債（除く投資活動関連・財務活動関連）の増減額（△は減少）	
その他	
小　　　計	
利息及び配当金の受取額	
利息の支払額	
その他	
法人税等の支払額	
営業活動によるキャッシュ・フロー	
投資活動によるキャッシュ・フロー	
預貯金の純増減額（△は増加）	
買入金銭債権の取得による支出	
買入金銭債権の売却・償還による収入	
金銭の信託の増加による支出	
金銭の信託の減少による収入	
有価証券の取得による支出	
有価証券の売却・償還による収入	

貸付けによる支出	
貸付金の回収による収入	
その他	
資産運用活動計	
（営業活動及び資産運用活動計）	（　　　　）
有形固定資産の取得による支出	
有形固定資産の売却による収入	
その他	
投資活動によるキャッシュ・フロー	
財務活動によるキャッシュ・フロー	
借入れによる収入	
借入金の返済による支出	
社債の発行による収入	
社債の償還による支出	
株式の発行による収入	
自己株式の取得による支出	
配当金の支払額	
その他	
財務活動によるキャッシュ・フロー	
現金及び現金同等物に係る換算差額	
現金及び現金同等物の増減額（△は減少）	
現金及び現金同等物期首残高	
現金及び現金同等物期末残高	

（出所：保険業法施行規則別紙様式第7号第6　キャッシュ・フロー計算書）

17　収益認識会計

Q3-39　収益認識に関する会計基準の影響

2018年3月に公表された「収益認識に関する会計基準」の保険会社への影響について教えてください。

 Answer Point

- 収益認識会計基準等は収益認識に関する包括的な会計基準ですが，保険契約および金融商品に係る取引は適用対象外とされており，保険会社への影響は限定的と考えられます。

解｜説

　「収益認識に関する会計基準」（企業会計基準第29号）および「収益認識に関する会計基準の適用指針」（企業会計基準適用指針第30号）（以下，両者を合わせて「収益認識会計基準等」という）が2018年3月30日に公表されました。収益認識会計基準等は，顧客との契約に基づく収益の会計処理および開示を規定するもので，わが国において初めての収益認識に関する包括的な会計基準となります。2021年4月1日以後開始する年度の期首から適用されますが，それ以前の年度での早期適用も認められています。

　保険会社の主たる業務は保険の引受けおよび収受した保険料の運用であり，その他の業務は制限されています（業法第100条）。このため，保険料収入や責任準備金関係損益といった保険契約（再保険契約を含む）に基づく収益，ならびに利息および配当金収入や有価証券売却益といった資産運用収益が保険会社の主な収益です。これらの収益は，保険業法および金融商品に関する会計基準等ですでに認識基準が定められていること等を理由として，収益認識会計基準

等の適用対象外とされています。

　したがって，収益認識会計基準等の適用による保険会社への影響は限定的と考えられます。

図表3-39　収益認識会計基準等の適用対象外項目

- 企業会計基準第10号「金融商品に関する会計基準」の範囲に含まれる金融商品に係る取引
- 企業会計基準第13号「リース取引に関する会計基準」の範囲に含まれるリース取引
- 保険法（平成20年法律第56号）における定義を満たす保険契約
- 顧客又は潜在的な顧客への販売を容易にするために行われる同業他社との商品又は製品の交換取引
- 金融商品の組成又は取得に際して受け取る手数料
- 日本公認会計士協会　会計制度委員会報告第15号「特別目的会社を活用した不動産の流動化に係る譲渡人の会計処理に関する実務指針」の対象となる不動産（不動産信託受益権を含む。）の譲渡
- 資金決済に関する法律（平成21年法律第59号）における定義を満たす暗号資産及び金融商品取引法（昭和23年法律第25号）における定義を満たす電子記録移転権利に関連する取引

（出所：収益認識に関する会計基準第3項）

第4章

保険業に特有の個別論点

本章では，わが国における現行の貸借対照表および損益計算書にかかる会計実務から離れ，ソルベンシー・マージン比率と国際財務報告基準（IFRS）の概要を扱います。ソルベンシー・マージン比率は財務会計の数値そのものではありませんが，保険業における最も重要な指標の１つであり，財務数値との関連性を説明します。また，IFRSに関しては，2017年５月18日に保険契約に関する基準書（IFRS第17号「保険契約」）が公表されましたので，当該基準書の概要について説明します。

1 ソルベンシー・マージン比率

Q4-1 ソルベンシー・マージン比率の計算

ソルベンシー・マージン比率を計算する目的およびその計算方法について教えてください。

Answer Point

- ソルベンシー・マージン比率は，行政当局が保険会社を監督する際に活用する客観的な判断指標の1つです。
- ソルベンシー・マージン比率は，「通常の予測を超える危険」に対する「ソルベンシー・マージン（支払余力）」の割合を表す指標です。

解説

（1）ソルベンシー・マージン比率の概要

保険会社は，保険事故発生時の保険金や満期時の給付金等の支払に備えて準備金を積み立てていますが，大地震や株価の大暴落といった通常の予測を超える危険が発生した場合でも，十分な支払余力を保持しておく必要があります。

この支払余力のことを「ソルベンシー・マージン」といい，「通常の予測を超える危険」に対する支払余力の割合を示す指標として，保険業法等に基づき計算されたものが「ソルベンシー・マージン比率」です。

ソルベンシー・マージン比率による規制は，1995年の保険業法改正の際に導入されましたが，1998年の保険業法改正以降は，監督当局が発動する早期是正措置のトリガーとしての役割も果たしています。すなわち，同比率が200%以上であれば「保険金等の支払能力の充実の状況が適当である」とされますが，

200%を下回る保険会社は，改善計画の提出・実行命令等を受けることになります。

図表4-1-1　早期是正措置の内容および発動基準

区分	ソルベンシー・マージン比率	命令
第1区分	100%以上200%未満	• 経営の健全性確保に係る改善計画の提出・実行命令
第2区分	0%以上100%未満	• 保険金等の支払能力充実に係る計画の提出・実行命令 • 契約者配当，社員配当の禁止または抑制 • 新規保険契約の保険料計算方法の変更 • 一部の資産運用方法の禁止または抑制　等
第3区分	0%未満	• 期限を付した業務の全部または一部の停止

(出所：平成12年総理府令・大蔵省令第45号を基に作成)

（2）ソルベンシー・マージン比率の計算方法

（1）で述べたように，ソルベンシー・マージン比率は，「通常の予測を超える危険(B)」に対する「ソルベンシー・マージン(A)」の割合を示す指標であり，実際には，$\left[(A) \div \left\{(B) \times \frac{1}{2}\right\}\right] \times 100$として計算されます。

①　ソルベンシー・マージン

ソルベンシー・マージンには，保険会社の純資産（社外流出予定額や評価・換算差額等を除きます）のほかに，諸準備金（価格変動準備金，異常危険準備金，危険準備金等）やその他有価証券の評価差額（評価益の場合は90%，評価損の場合は100%）等，通常の予測を超える危険に備えるための財源となるものが含まれます。

②　通常の予測を超える危険

通常の予測を超える危険とは，次に示す各種リスク相当額を，所定の算式を用いて統合した総額をいいます。

【所定の算式】

$$\sqrt{(R_1+R_2)^2 + (R_3+R_4+R_7)^2} + R_5 + R_6$$

(a) **保険リスク（生保）／一般保険リスク（損保）：R_1・第三分野保険リスク：R_2**

保険事故の発生率等が通常の予測を超えることにより発生し得る危険（巨大災害に係る危険を除きます）に対応する金額をいいます。

(i) 保険リスク（生保）：R_1

図表4-1-2のリスクの種類ごとにリスク対象金額にリスク係数を乗じて得た額に基づき、以下の算式により計算した額を保険リスク相当額（生保）としています。

$$\sqrt{A^2+B^2} + C$$

図表4-1-2　保険リスク係数（生保）

	リスクの種類	リスク対象金額	リスク係数
A	普通死亡リスク	危険保険金額	0.6/1000
B	生存保障リスク	個人年金保険期末責任準備金額	10/1000
C	その他のリスク	危険準備金積立限度額	1

（出所：大蔵省告示第50号 別表第1）

(ii) 一般保険リスク（損保）：R_1

- 各保険の種類のリスク相当額

　図表4-1-3の各保険の種類ごとに保険料基準および保険金基準の2つの基準についてリスク対象金額にリスク係数を乗じた額をそれぞれ計算し、いずれか大きい額を各保険の種類のリスク相当額としています。

- 各保険の種類のリスク相当額の統合

　上記で求めた各保険の種類のリスク相当額に基づき、以下の算式により計算した額を一般保険リスク相当額（損保）としています。

$$\sqrt{(1-\rho) \times \Sigma \left(各保険の種類のリスク相当額^2\right) + \rho \times (\Sigma 各保険の種類のリスク相当額)^2} \quad (\rho=0.05)$$

図表4-1-3　一般保険リスク係数（損保）

保険の種類	保険料基準		保険金基準	
	リスク対象金額	リスク係数	リスク対象金額	リスク係数
火災保険(※1)	正味既経過保険料	15%	正味発生保険金	33%
傷害保険		14%		33%
自動車保険		13%		22%
船舶保険		66%		81%
貨物保険		20%		44%
その他の保険(※2)		27%		41%

（※1）家計地震保険を除きます。
（※2）自賠責保険・金融保証を除きます。
（出所：大蔵省告示第50号 別表第3）

(iii)　第三分野保険リスク：R_2

　　図表4-1-4のリスクの種類ごとにリスク対象金額にリスク係数を乗じて得た額を合計した額を第三分野保険リスク相当額としています（損害保険会社はDのみ）。

図表4-1-4　第三分野保険リスク係数

	リスクの種類	リスク対象金額	リスク係数
D	ストレステストの対象とするリスク	危険準備金積立限度額	0.1
E	災害死亡リスク		1.0
F	災害入院リスク		1.0
G	疾病入院リスク		1.0
H	その他のリスク		1.0

（出所：大蔵省告示第50号 別表第1の2）

(b)　予定利率リスク：R_3

　　実際の運用利回りが保険料算出時に予定した利回りを下回ることにより発生し得る危険に対応する金額をいいます。予定利率別期末責任準備金に対し，図表4-1-5の対応するリスク係数を乗じて得た額を合計した額を予定利率リスク相当額としています。

図表4-1-5　予定利率リスク係数

（生命保険会社の場合）

予定利率の区分	リスク係数
0.0%以下の部分	0.0
0.0%を超え1.5%以下の部分	0.01
1.5%を超え2.0%以下の部分	0.2
2.0%を超え2.5%以下の部分	0.8
2.5%を超える部分	1.0

（損害保険会社の場合）

予定利率の区分	リスク係数
0.0%以下の部分	0.0
0.0%を超え1.0%以下の部分	0.09
1.0%を超え2.0%以下の部分	0.3
2.0%を超え3.0%以下の部分	0.6
3.0%を超え6.0%以下の部分	0.8
6.0%を超える部分	0.9

（出所：大蔵省告示第50号 別表第6）

(c)　**資産運用リスク：R_4**

　保有する有価証券等の資産の価格が通常の予測を超えて変動することにより発生し得る危険等に対応する金額をいいます。下記の7つのリスクからなります。

（i）　価格変動等リスク

　保有する有価証券その他の資産の通常の予測を超える価格変動等により発生する危険に対応する金額をいいます。図表4-1-6のリスク対象資産ごとにリスク相当額を計算し，その合計額に大蔵省告示第50号別表第7の3に規定する分散投資効果係数（$1-\rho$）を乗じて得た額を価格変動等リスク相当額としています。

$$(1-\rho) \times \Sigma \left\{ \left(\begin{array}{c} \text{リスク対象資産別} \\ \text{貸借対照表計上額} \end{array} - \begin{array}{c} \text{デリバティブ取引のリ} \\ \text{スクヘッジ効果の額} \end{array} \right) \times \text{リスク係数} \right\}$$

図表4-1-6　価格変動等リスク係数

リスク対象資産	リスク係数
国内株式	20%
外国株式	10%
邦貨建債券	2%

外貨建債券，外貨建貸付金等	1％
不動産（土地（海外の土地を含む。））	10％
金地金	25％
商品有価証券	1％
為替リスクを含むもの	10％

（出所：大蔵省告示第50号 別表第7）

(ii)　信用リスク

　保有する有価証券その他の資産について取引の相手方の債務不履行その他の理由により発生し得る危険に対応する金額をいいます。対象資産は貸付金，債券，預貯金，短資取引，証券化商品および再証券化商品の6つでそれぞれに対応するリスク係数を乗じて得た額を合計した額を信用リスク相当額としています。

　また，金融保証を行っている場合は，金融保証の保証金額（支払備金を積み立てている場合には，その額を控除した額）に当該金融保証の対象であるそれぞれのリスク対象資産に係るランク別リスク係数を乗じて得た額を合計した額から，当該金融保証に係る未経過保険料の額を控除した残額を加算します。

(iii)　子会社等リスク

　子会社等への投資その他の理由により発生し得る危険に対応する金額をいいます。事業形態別リスク対象資産の額に対応するリスク係数を乗じて得た額を合計した額を子会社等リスク相当額としています。

(iv)　デリバティブ取引リスク

　デリバティブ取引，保険業法第98条第1項第8号に規定する金融等デリバティブ取引，先物外国為替取引その他これらと類似の取引により発生し得る危険に対応する金額をいいます。先物取引，オプション取引およびスワップ取引ごとにリスク相当額を計算し，それらを合計した額をデリバティブ取引リスク相当額としています。

(v)　信用スプレッドリスク

　クレジットデフォルトスワップ取引において，通常の予測を超える価格変動その他の理由により発生し得る危険に対応する金額をいいます。所在地別

のリスク対象資産の額に対応するリスク係数を乗じて得た額を合計した額を信用スプレッドリスク相当額としています。

(vi) 再保険リスク

再保険控除した責任準備金および支払備金に係る危険に対応する金額をいいます。一般保険リスクの保険の種類ごとに出再未経過保険料と出再支払備金にリスク係数を乗じて得た額を合計した額を再保険リスク相当額としています。

(vii) 再保険回収リスク

再保険貸に係る回収不能の危険に対応する金額をいいます。再保険貸（外国再保険貸を含み家計地震保険・自賠責保険を除く）の残高から，受再保険会社が一方的に解約できる旨が定められている再保険契約に係る未償却出再手数料の残高を控除した額にリスク係数1％を乗じて得た額を再保険回収リスク相当額としています。

(d) 経営管理リスク：R_5

業務の運営上通常の予測を超えて発生し得る危険で，$R_1 \sim R_4$，$R_6 \sim R_7$以外の危険に対応する金額をいいます。$R_1 \sim R_4$，$R_6 \sim R_7$のリスクの合計額に対象会社の区分ごとのリスク係数を乗じて得た額を経営管理リスク相当額としています。

(e) 巨大災害リスク（損保）：R_6

通常の予測を超える巨大災害（関東大震災や伊勢湾台風相当）により発生し得る危険に対応する金額をいいます。地震災害リスク額および風水災害リスクの2つに分類しそれらを合計した額を巨大災害リスク相当額（損保）としています。

(f) 最低保証リスク（生保）：R_7

特別勘定を設けた保険契約（変額保険等）であって，保険金等の額を最低保証するものについて，当該特別勘定に属する財産の通常の予測を超える価額の変動等により発生し得る危険に対応する金額をいいます。大蔵省告示第50号別表第6の2に規定する標準的方式または代替的方式のいずれかにより計算した額を最低保証リスク相当額（生保）としています。

Q4-2　ソルベンシー・マージン比率に関する動向

ソルベンシー・マージン比率に関する直近および今後の動向について教えてください。

··Answer Point ······

- 国際的に活動する保険グループに対する資本基準として，国際資本基準（ICS）の開発が進められています。
- 今後は，日本国内においても，ICSの動向等を踏まえ，経済価値ベースのソルベンシー規制が導入される方向性となっています。

解　説

（1）ICSの開発

　保険会社のグローバル展開が進むなかで，各国ごとに異なる基準に基づく監督では，保険グループ全体のリスクを正確に把握することが困難と考えられています。金融危機の影響が保険グループにも及んだことを受け，2010年以降，国際的に活動する保険グループ（IAIG）に対する効果的な監督を行うための共通の枠組み（ComFrame）の策定が，保険監督者国際機構（IAIS）の下で進められています。IAIGとして指定された保険グループは，ComFrameにおける定性面および定量面の基準を満たすことが求められます。

　ComFrameにおける定量面の基準として，連結ベースの資本基準であるICSの開発が進められています。ICSでは，バランスシートの評価を経済価値ベースで行うこととされ，評価方法の1つとして，市場調整評価手法（MAV手法）が提案されています。MAV手法では，資産を市場整合的な基準により評価し，保険負債を将来キャッシュ・フローの現在価値で評価します。

　2017年7月，複数回にわたる市中協議およびフィールドテストの結果を踏ま

え，IAISは「拡大フィールドテストのための国際資本基準（ICS Version 1.0）」を公表しました。今後は，ICS Version 2.0を含むComFrameを，2019年11月に採択する予定です。2020年以降のICS Version 2.0の導入スケジュールについては，以下のとおりとされています。

- 2020年〜2024年の5年間をモニタリング期間として，各国の監督当局に対して参照ICSの非公開報告を行う。ICSは監督上の行為のトリガーとしては使用されない。
- 2025年以降，ICSをグループベースの規制資本要件とする。

(2) 日本国内における経済価値ベースのソルベンシー規制

　現行の日本のソルベンシー規制におけるロック・イン方式の負債評価（保険期間が終了するまで，契約時の計算基礎率を用いて責任準備金を評価すること）と，各社一律のリスク係数方式によるリスク評価の手法を前提とすると，保険会社のリスク管理の高度化へのインセンティブは，必ずしも働きやすいとはいえないと考えられています。こうした課題への対応として，資産と負債を経済価値で評価した上で，その差額である純資産の変動をリスクと考える，経済価値ベースのソルベンシー規制が検討されています。

　日本に先行して，欧州では経済価値ベースのソルベンシー規制であるソルベンシーⅡが，2016年1月に導入されました。ソルベンシーⅡでは，監督当局の承認を受けた内部モデルを使用して，各社独自にリスクを測定できる点が大きな特徴となっています。

　日本においても，経済価値ベースのソルベンシー規制導入の検討にあたって，金融庁はこれまで複数回のフィールドテストを実施しています。2016年に全保険会社を対象に実施された「経済価値ベースの評価・監督手法の検討に関するフィールドテスト」では，単体ベース・連結ベースの両方について，ICSにおけるMAV手法に基づく計算方法による資産・負債・各リスクの所要資本等の評価を求めるとともに，計算過程における実務上の課題や，内部モデルの活用状況等について，アンケートへの回答を求めています。2017年に公表された結果概要では，生命保険会社および損害保険会社それぞれのリスクとソルベンシーの状況，内部モデルの状況およびその他の論点等について，公表されて

います。

　2018年9月に，金融庁は「変革期における金融サービスの向上にむけて～金融行政のこれまでの実践と今後の方針（平成30事務年度）～」を公表しました。このなかで，経済価値ベースのソルベンシー規制については，ICSに遅れないタイミングでの導入を念頭に，関係者と広範な議論を行っていくものとしています。

> 　また，現行のソルベンシー規制では十分に捉えられていないリスクも包括的に考慮した健全性を把握する「動的な監督」に取り組むことが不可欠となっているため，保険会社のリスク管理の高度化を促しつつ，資産・負債を経済価値ベースで評価する考え方を検査・監督に取り入れていく。あわせて，経済価値ベースのソルベンシー規制について，現下の経済環境における様々な意図せざる影響にも配意しつつ，国際資本基準（ICS）に遅れないタイミングでの導入を念頭に，関係者と広範な議論を行っていく。

（出所：「変革期における金融サービスの向上にむけて～金融行政のこれまでの実践と今後の方針（平成30事務年度）～」より抜粋）

Q4-3 ORSAの監督体制

ORSAの監督体制の動向について教えてください。

Answer Point ☝

- ORSAとはリスクとソルベンシーの自己評価のことをいいます。
- ソルベンシーⅡに含まれるなど，各国の保険監督局によって実施・報告が求められています。
- 日本では「保険会社向けの総合的な監督指針」においてORSAの実施が求められており，また年次でORSAレポートの提出が求められています。

(1) ORSAの動向

　ORSAとはOwn Risk and Solvency Assessmentの略であり，リスクとソルベンシーの自己評価のことをいいます。保険会社が自律的に実施すべき，統合的リスク管理（ERM）における総合的なプロセスであると同時に，各国の監督当局によってORSAレポートの提出が求められるなど，保険監督フレームワークの一部として導入されつつあります。

　導入が促進された大きな要因は，2011年に採択されたICPの改定にORSAの項目が含まれたことにあると考えられます。ICPとは，Insurance Core Principles（保険基本原則）のことであり，各国の保険監督当局をメンバーとするIAIS（国際保険監督者機構）が，監督当局向けに，金融システムの安定や保険契約者保護を目的に定めた，保険監督のフレームワークのことです。ICPの26あるステートメントのうち，ICP16が統合的リスク管理に関するものであり，そのなかにORSAについての基準が定められています。ICPは，世界

銀行およびIMF（国際通貨基金）による金融セクターの安定性の評価プログラム（FSAP）で，保険セクターの評価基準として用いられるため，各国の監督当局はICPを看過することはできません。

　日本の監督行政では，2014年の「保険会社向けの総合的な監督指針」の改正において，それまでの「リスク管理」の項が削除され，新たにICP16に基づいた規定が「統合的リスク管理態勢」として整備されました。その一部として「リスクとソルベンシーの自己評価」が，ICP16の記載に沿った形で導入されました。また，2011年より始まった金融庁による「統合的リスク管理態勢（ERM）ヒアリング」は，第4回（2014年ヒアリング結果公表）において，一部の保険会社に対してORSAレポートの試作に基づいて行われました。その後2015年から，金融庁はすべての保険会社に対してORSAレポートの提出を求めており，実態として制度化しています。このように，日本においてもORSAに対する監督の枠組みの構築が進められています。

(2) 海外の動向

①　Ｅ　Ｕ

　EUでは2009年に採択されたソルベンシーII指令の第45条でORSAに対する要件が規定されました。ソルベンシーIIはEUの保険会社に対するソルベンシー規制であり，3つの柱（定量的要件，定性的要件，開示の要件）のうち，定性的要件を構成する1つとしてORSAの報告が求められています。ソルベンシーIIは何度かの延期を経て2016年に施行されました。

②　米　国

　米国の保険監督は州ごとに行われており，法令や監督当局も州ごとに存在します。ただし，各州は全く別の基準で監督を行うのではなく，多くの場合，全米保険監督官協会（NAIC）が定めるモデル法やガイダンスを元に，それぞれの事情を勘案して法令等を定めます。NAICは2012年にORSAモデル法とORSAガイダンスマニュアルを採択し，2018年7月時点で49の州がORSAを法制化しています。

2 IFRSの概要

Q4-4 IFRS第4号「保険契約」

IFRS第4号「保険契約」について教えてください。

Answer Point

- IFRS第4号は，2005年のEUの規制市場に上場する域内企業に対するIFRS強制適用に間に合うように策定された，保険契約に係る会計方針について最低限の要求事項を定めた暫定的な会計基準です。
- 一部の例外を除き，保険契約に関する従前の各国の会計方針を適用することが認められています。
- 保険契約に関する情報の開示（注記）が求められています。

解 説

（1）IFRS第4号の位置づけ

① フェーズ1とフェーズ2

　EUでは，2005年以降，EUの規制市場に上場する域内企業に対してIFRSに基づく連結財務諸表を作成することが義務づけられました。一方で，保険契約に関する国際的な会計基準の開発は1997年に始まっていたものの，2002年の時点で，2005年までに認識および測定の原則を含む会計基準全般の開発を完了させることは非現実的であったため，国際会計基準審議会（IASB）は，保険契約プロジェクトをフェーズ1とフェーズ2に分けることにしました。

　IFRS第4号は，フェーズ1の成果物として，2004年に公表されました。

②　IFRS第4号の特徴

フェーズ1およびその成果物であるIFRS第4号について，IASBは，以下を目的として開発を進めました。

(a) フェーズ2で大きな変更を求めることなく，保険契約に係る会計実務について限定的な改善を行うこと

(b) (i)保険契約から生じる財務諸表の金額を識別，説明し，(ii)財務諸表利用者が保険契約から生じる将来キャッシュ・フローの見積額，時期および不確実性を理解するのに役立つ情報の開示を求めること

この目的からも読み取れるように，フェーズ1およびその成果物であるIFRS第4号は，フェーズ2の足がかりとなる暫定的な基準であるという特徴を有しています。

③　各国の既存実務の容認

ある取引に具体的に適用すべきIFRSが存在しない場合，IAS第8号「会計方針，会計上の見積りの変更及び誤謬」第10項から第12項に記載された要求事項を考慮して適用すべき会計方針を決定しなければなりません。しかしながら保険者が発行した保険契約および保有する再保険契約（出再）については，既存の会計方針を適用し，当該条項の適用を免除することが定められています（IFRS第4号第13項）。これにより，各国の既存の会計実務が幅広く容認されることになっています。

(2)　最低限の要求事項

上記のとおりIFRS第4号は，各国における既存の多様な会計実務・会計方針を容認しています。しかし，IFRSを構成する他の基準書とあまりにも考え方が異なっているような，あるいはフェーズ2で容認される可能性が低いような会計方針が採用されることを防ぐため，以下の5点が規定されています（IFRS第4号第14項）。

(a) 異常危険準備金や平衡準備金などの負債計上禁止

(b) 負債十分性テストの実施

(c) 保険負債の認識の中止

(d) 再保険契約と関連する元受保険契約との相殺表示の禁止

(e) 再保険資産の減損テスト

（3）IFRS第９号「金融商品」のIFRS第４号との適用

IASBは，2014年７月にIFRS第９号「金融商品」の完成版を公表しました。これはIAS第39号「金融商品：認識及び測定」を置き換えるものであり，2018年１月１日以後開始する事業年度から適用されています。本基準は，フェーズ２の成果物であるIFRS第17号「保険契約」（Ｑ４-５参照）と同様に，IFRSを適用するほとんどの保険会社に大幅な会計上の変更が生じる重要な基準です。IFRS第17号とIFRS第９号の発効日が相違することで，追加的な会計上のミスマッチや純損益のボラティリティなどの望ましくない帰結を生じる可能性が懸念されました。

この懸念に対処するために，IASBは2016年９月および2020年６月にIFRS第４号を修正し，IFRS第17号の発効日（2023年１月１日以後開始する事業年度）より前の事業年度に限りIFRS第４号を適用する企業に以下のIFRS第９号の適用に関する経過的な救済措置を提供しています。

(a) 上書きアプローチ

これは，IFRS第４号第35E項に記載された要件を満たした保険契約に関連して保有される金融資産について，IFRS第９号の適用により純損益に報告した金額とIAS第39号を適用していたならば純損益に報告したであろう金額との差額をその他の包括利益（OCI）に振り替えることを認める措置です（IFRS第４号第35B項から第35N項）。

(b) IFRS第９号適用の一時的免除

これは，2023年１月１日より前に開始する事業年度までのIFRS第９号の適用を一時的に免除する措置で，保険に関連した活動が支配的であるものとしてIFRS第４号第20D項に記載された要件を満たした企業に限って認められます（IFRS第４号第20A項から第20Q項）。

上書きアプローチおよびIFRS第９号の一時的免除の適用はいずれも任意であり，適格要件を満たす場合には選択適用が認められています。

（4）開 示

　IFRS第4号では，保険契約の認識や測定については各国の既存の実務を幅広く容認する一方で，**（1）**②(b)の目的を達するべく，開示に関する要求事項を以下のように定めています（IFRS第4号第36項から第39M項）。

① 保険契約から生じる財務諸表上の金額を特定し説明する情報

　(a) 保険契約とそれに関連した資産，負債，収益および費用についての会計方針

　(b) 保険契約から生じる，認識した資産，負債，収益および費用

　(c) 上記(b)の金額の測定に最も大きな影響を及ぼした仮定の決定プロセス

　(d) 保険資産および保険負債を測定するために用いた仮定が変化した場合の影響

　(e) 保険負債や再保険資産等の変動の調整表

② 保険契約から生じるリスクの内容および程度

　(a) 保険契約から生じるリスクの管理の目的，方針およびプロセスならびにリスク管理方法

　(b) 以下に掲げるような，保険リスクに関する情報（再保険によるリスクの軽減前と軽減後の双方）

　　(i) 保険リスクに対する感応度

　　(ii) 保険リスクの集中（たとえば，保険事故の種類，地域，または通貨）

　　(iii) 実際の保険金額とそれまでの見積額との比較（クレーム・ディベロップメント）

　(c) 信用リスク，流動性リスクおよび市場リスクについての情報

　(d) 組込デリバティブが公正価値で測定されない場合，主保険契約に含まれる組込デリバティブから発生する市場リスクへのエクスポージャーについての情報

③　IFRS第９号の一時的免除を選択する企業に対して，適格要件の充足に関する説明およびIFRS第９号を適用する企業との比較に関する情報

④　上書きアプローチを選択する企業に対して，報告期間に純損益とOCIとの間で振り替えられた金額の算定方法および当該振替額が財務諸表に与える影響に関する説明

Q4-5　IFRS第17号「保険契約」の概要

IFRS第17号「保険契約」とはどのような特徴を有する基準書でしょうか。

Answer Point

- 保険会計実務を各国間で一貫したものとし，保険契約を忠実に表現する目的適合性のある情報を提供することを目的に開発された，初めての国際的な保険契約の会計基準です。
- 保険会社が扱う保険商品がIFRS第17号の保険契約の定義を満たすのは「重大な」保険リスクを移転している場合であり，当該評価には判断が伴います。

解　説

（1）IFRS第17号の意義

　IASBは，2017年5月にIFRS第17号「保険契約」を公表しました。IASBは保険契約プロジェクトを2つのフェーズに分けて会計基準の開発を進めましたが，フェーズ2の成果物である本基準は，フェーズ1の成果物であるIFRS第4号「保険契約」（Q4-4参照）を置き換えるものです。

　IFRS第17号は各国のこれまでの財務報告に関する実務を大幅に変える可能性が高く，適用準備に相応の時間を要すると見込まれるために，当初において，基準書公表後3年を超える準備期間が考慮され，適用日は2021年1月1日以後開始する事業年度とされました。その後に，IFRS第17号の規定の一部修正が議論されたこと，および各国でエンドースメントの時期が相違することが懸念されたことから，2020年6月のIFRS第17号の修正において，適用日が2年延長され，2023年1月1日以後開始する事業年度からとなりました。

　IFRS第4号は，各国の既存の多様な会計実務の使用を認めていたために，投資家やアナリストが企業の業績を理解し比較することが困難な状況でした。IFRS第17号は，保険会計実務を法域間で一貫したものとし，企業が保険契約を忠実に表現する目的適合性のある情報を提供することを目的としています。

(2) IFRS第17号の適用範囲

① IFRS第17号が適用される契約およびその定義

　IFRS第17号は以下の契約に適用されます（第3項）。保険契約者としての会計処理は，出再保険契約を除き，IFRS第17号では規定されていません。

(a) 企業が発行する保険契約および再保険契約（受再保険契約）

(b) 企業が保有する再保険契約（出再保険契約）

(c) 企業が発行する裁量権付有配当投資契約（企業が保険契約も発行する場合）

　IFRS第17号は，各契約を以下のとおり定義しています（IFRS第17号付録A）。

■保険契約

> 　一方の当事者（発行者）が，他方の当事者（保険契約者）から，所定の不確実な将来事象（保険事故）が保険契約者に不利な影響を与えた場合に保険契約者に補償することに同意することにより，重大な保険リスクを引き受ける契約

■再保険契約

> 　ある企業（再保険者）が他の企業に対し，当該他の企業が発行した1つまたは複数の保険契約（基礎となる保険契約）から生じる保険金について補償するために発行する保険契約

■裁量権付有配当投資契約

> 　特定の投資者に，発行者の裁量の対象とならない金額に加えて，次のような追加の金額を受け取る契約上の権利を与える金融商品
> (a) 契約上の給付全体のなかで重大な一部分となると見込まれる。
> (b) 時期または金額が，契約上，発行者の裁量で決定される。
> (c) 契約上，次のいずれかに基づいている。

> (ⅰ)　所定の契約プールまたは所定の種類の契約に対するリターン
> (ⅱ)　発行者が保有する所定の資産プールの実現あるいは未実現の投資リターン
> (ⅲ)　契約を発行している会社またはファンドの純損益

②　保険リスクが「重大」であるか否か

　保険会社が扱う保険商品のすべてが，IFRS第17号の保険契約の定義を充足するとは限りません。引き受ける保険リスクが「重大」であるか否かを評価する必要があります。保険リスクが「重大」である場合とは，契約から生じるキャッシュ・フローに，経済的実質を伴う以下のシナリオのいずれもが見込まれる場合を指します（B18項，B19項）。

- 保険事故により重大な追加的金額（保険事故による支払額と保険事故が発生しなかった場合に支払われる金額との現在価値ベースでの差額）を支払うことになるシナリオ
- 保険会社に現在価値ベースで損失が生じる可能性のあるシナリオ

　保険リスクが「重大」であるか否かの評価には判断が伴います。たとえば，主に生命保険会社が扱う貯蓄性の高い保険契約（養老保険，学資保険，有期個人年金保険，団体年金保険等）については慎重な検討が必要となります。

　保険リスクが「重大」でないためにIFRS第17号の保険契約の定義を満たさない契約は一般に「投資契約」と呼ばれ，金融商品に分類されます。投資契約はIFRS第9号「金融商品」を適用して会計処理されますが，裁量権付有配当投資契約の定義を満たす場合には，当該契約を発行する企業がIFRS第17号に定める保険契約も発行していることを条件に，当該契約に対してIFRS第17号が適用されることになります。

　また，IFRS第17号の保険契約の定義は，製造業者等が提供する製品保証，リース契約の残価保証，企業結合における条件付対価等，保険会社が扱う保険契約以外にも幅広く該当する可能性があります。これらのうち他の基準書ですでに会計処理を規定しているものについては当該基準書に従って会計処理することになります（第7項，第8項）。

　なお，IFRS第17号はリスクを性質により金融リスク，非金融リスクおよび

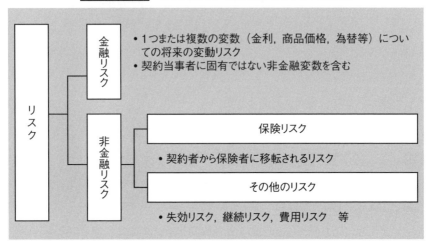

図表4-5-1　IFRS第17号におけるリスクの分類

- リスク
  - 金融リスク
    - 1つまたは複数の変数（金利，商品価格，為替等）についての将来の変動リスク
    - 契約当事者に固有ではない非金融変数を含む
  - 非金融リスク
    - 保険リスク
      - 契約者から保険者に移転されるリスク
    - その他のリスク
      - 失効リスク，継続リスク，費用リスク　等

保険リスクに分けて使用しています。それぞれの関係は図表4-5-1のとおりです。

（3）IFRS第17号のアプローチの特徴

　保険契約は，金融商品とサービス契約の両方の要素を組み合わせたものであり，多くの保険契約が長期間にわたり相当な変動性を伴うキャッシュ・フローを生成するという特徴を有しています。

　IASBは，IFRS第9号「金融商品」，IFRS第15号「顧客との契約から生じる収益」およびIAS第37号「引当金，偶発負債及び偶発資産」といった，保険契約の要素や特徴に関連した基準書との整合性を考慮しながら，保険契約に対する新たなアプローチを開発しました。

　保険契約のアプローチの主な特徴は次のとおりです。

(a) 保険契約から生じる将来キャッシュ・フローについて，各報告日現在での見積りを使用し，生じ得るすべての範囲の結果の期待値（確率加重した平均値）により算定する

(b) 将来キャッシュ・フローの見積りを，貨幣の時間価値および金融リスクを反映するように調整する

図表4-5-2 保険契約のアプローチの概要

IFRS第17号の適用範囲
・発行する保険契約および再保険契約 ・保有する再保険契約 ・裁量権付有配当投資契約 　（企業が保険契約も発行する場合）

ビルディング・ブロック・アプローチ	変動手数料アプローチ	保険料配分アプローチ
・保険契約を測定するための一般モデル ・直接連動有配当保険契約以外の保険契約に適用 ・保有する再保険契約，裁量権付有配当投資契約に対して取扱いが一部修正されている	・一般モデルを一部修正した測定アプローチ ・直接連動有配当保険契約に適用 ・適用は任意ではなく強制	・残存カバーに係る負債に対する単純化した測定アプローチ ・適格要件を満たす限り，適用は任意

(c) 保険契約から生じる金融リスク以外のリスク（非金融リスク）に係る調整を他の見積りと区分して明示的に見積もる

(d) リスク負担に対する対価以外の保険契約サービスから生じる利益（契約上のサービス・マージン）の見積りを，サービスが提供される期間にわたって純損益に認識する

(e) 保険サービス損益（保険収益の表示を含む）を保険金融収益または費用と区分して表示する

　上記のアプローチは「ビルディング・ブロック・アプローチ」または「一般測定モデル」と呼ばれ，多くの保険契約に適用されます。投資関連サービスを提供する一部の保険契約に対しては，その特徴を反映するようにビルディング・ブロック・アプローチを一部修正した「変動手数料アプローチ」が適用されます。また，適格要件を満たす場合には，ビルディング・ブロック・アプローチを単純化した「保険料配分アプローチ」を適用することも認められています。これらの詳細は，Ｑ4-6を参照してください。

Q4-6 IFRS第17号「保険契約」における保険契約負債の測定

IFRS第17号における保険契約負債の測定方法について教えてください。

Answer Point ☝

- 一般的な測定モデルであるビルディング・ブロック・アプローチは，保険契約を4つのブロックで構成するものとして測定を行います。
- 測定においては，報告日現在の見積りを反映させる必要があります。
- 投資関連サービスを提供する一部の保険契約に対しては，変動手数料アプローチが適用されます。
- 保険期間が1年以内である等の一定の要件を満たす場合には，日本の保険会計における未経過保険料の測定に類似した測定方法である，保険料配分アプローチを適用することができます。

(1) ビルディング・ブロック・アプローチ

「一般測定モデル」と呼ばれるビルディング・ブロック・アプローチは，保険契約を構成する各構成要素をブロックに見立てて測定するアプローチであり，IFRS第17号の適用範囲に含まれる保険契約のうち，一部の契約を除いて適用される共通の測定モデルです。保険契約を図表4-6-1に示している4つのブロックで構成するものとして測定するアプローチになります（第32項）。

図表4-6-1　保険契約負債の各ブロック

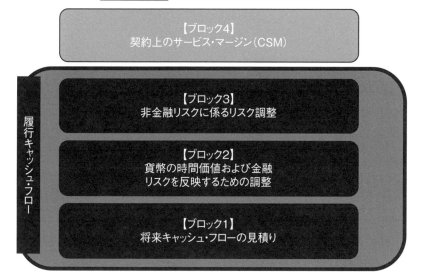

① 　将来キャッシュ・フローの見積り（ブロック1）

　保険契約負債の測定にあたっては，貨幣の時間価値を含む各種調整を加える前に，保険契約から生じるすべての将来キャッシュ・フローを明示的に見積もることからスタートします（第33項(d)）。当該見積りにあたっては，関連する市場変数については観察可能な市場価格と整合的である必要があります（第33項(b)）。観察可能な市場価格と整合的である方が，目的適合性が高く，測定の不確実性が少なく，理解可能性が高くなると考えられるからです。それでも見積り金額およびその発生時期に不確実性が伴いますが，将来キャッシュ・フローは，生じ得るすべての範囲の結果の期待値（すなわち，確率加重平均）により見積もることとされています（第33項(a)）。

　将来キャッシュ・フローの見積りは，報告日時点に存在している状況を反映させなければなりません（第33項(c)）。そのため，各報告日での測定において見積りを更新する必要があり，見積りにおいて死亡率や損害率などを使用している場合には，報告日時点で最新のものを使用して見積りを行う必要があります。これに対して，日本の保険会計では，原則として契約締結時における死亡

率や損害率などを使用してその後も測定を行うため，IFRS第17号における測定と異なっています。

②　保険獲得キャッシュ・フロー

保険獲得キャッシュ・フローとは，保険契約の販売，引受けおよび開始のコストにより生じるキャッシュ・フローのうち，保険契約に直接起因するものです（IFRS第17号付録A）。たとえば，保険会社における代理店手数料などの新契約費は保険獲得キャッシュ・フローに含まれるものと考えられます。

将来発生が見込まれる保険獲得キャッシュ・フローは将来キャッシュ・フローに含まれます。一方，保険契約が認識される前に発生した保険獲得キャッシュ・フローは，発生時に費用処理されず資産または負債として計上され（第28B項），保険契約の当初認識時に保険契約負債の測定において契約上のサービス・マージンの算定に反映されることとなります（第28C項，第38項(c)(i)）。事後測定においては，時の経過を基礎として規則的に償却額を保険収益として計上し，同額の償却額を保険サービス費用として処理します（B125項）。

なお，日本の保険会計において新契約費は発生時に費用処理されるため，IFRS第17号と異なっています。

③　貨幣の時間価値および金融リスクを反映するための調整（ブロック２）

保険契約負債の測定において，将来キャッシュ・フローは貨幣の時間価値を反映させ，現在価値で測定をしなければなりません。適用する割引率については，リスクフリー金利ではなく，流動性などの保険契約の特性を反映することとされています（第36項）。

貨幣の時間価値および金融リスクについても，将来キャッシュ・フローの見積りと同様に，報告日時点に存在している状況を反映させる必要があります（B72項(a)）。すなわち，割引率についても報告日時点で最新のものを使用して算定する必要があり，契約締結時点の割引率を用いて測定を続ける日本の保険会計と異なっています。

④　非金融リスクに係るリスク調整（ブロック３）

　非金融リスクに係るリスク調整とは，保険者が保険契約を履行する際に生じるキャッシュ・フローの金額および発生時期等の不確実性の負担に対して要求する報酬を明示的に測定したものです（第37項）。

　たとえば，大災害時に多額の損失が発生するリスクがある保険契約については，より多くのリスク調整を計上する可能性があります。

⑤　履行キャッシュ・フロー

　ブロック１～３を合計したものを，履行キャッシュ・フローと呼びます（第32項(a)）。履行キャッシュ・フローは，保険契約者へのサービスの提供によって保険契約を直接履行することについての企業の予想を表したものになります。

⑥　契約上のサービス・マージン（ブロック４）

　契約上のサービス・マージンは，企業が将来において保険に関するサービスを提供することで得られる未稼得の利益を表すものです。

　契約上のサービス・マージンは，当初認識時点において収益も費用も生じない金額として測定されます。すなわち，当初認識時点では，履行キャッシュ・フローとの合計額がゼロとなるように，契約上のサービス・マージンの金額が測定されることとなります（第38項）。

図表4-6-2　契約上のサービス・マージン

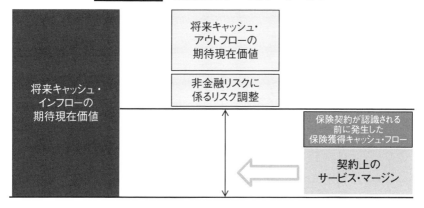

当初認識後の測定においては，契約上のサービス・マージンは将来の保険契約サービスに係る履行キャッシュ・フローの変動等を調整した後に，各期のサービスの提供に応じて取り崩し，保険収益として認識していくこととなります（第44項）。

⑦　不利な契約

将来に損失が生じることが見込まれるような契約を，不利な契約と呼びます。IFRS第17号は契約上のサービス・マージンが負になることを禁止しており（保有している再保険契約を除く），見込まれる損失はただちに純損益に認識されることとなります（第47項）。

⑧　残存カバーに係る負債と発生保険金に係る負債

事後測定においては，保険負債は将来のサービスに係る負債（これを「残存カバーに係る負債」という）と過去のサービスに係る負債（すなわち，すでに発生している保険事故に対して保険金を支払う義務。これを「発生保険金に係る負債」という）の合計額となります（第40項）。概念としては，日本の保険会計と比較すると，残存カバーに係る負債は責任準備金に，発生保険金に係る負債は支払備金に相当します。

残存カバーに係る負債と発生保険金に係る負債はそれぞれ各ブロックにより測定されますが，残存カバーに係る負債は履行キャッシュ・フローと契約上のサービス・マージンで構成されるのに対して，発生保険金に係る負債は，すでに保険事故が発生しており保険カバーというサービスの提供は終了していることから，履行キャッシュ・フローのみで構成され，契約上のサービス・マージンは含まれません。

(2) 変動手数料アプローチ

変額保険に代表されるように，保険契約の中には，基礎となる項目の公正価値に連動して保険契約者に支払われる金額の一部が変動するものがあります。このような保険契約のうち，一定の要件を満たすことで，実質的に投資関連

サービスを提供していると判断される契約を「直接連動有配当保険契約」と呼び，変動手数料アプローチを適用して保険契約負債を測定することが求められています（B101項，B104項）。

　変動手数料アプローチによる保険負債の測定方法は，ビルディング・ブロック・アプローチの契約上のサービス・マージンの測定方法を修正したものとなります。基礎となる項目の公正価値と同額を保険契約者に支払う義務の変動については契約上のサービス・マージンを修正せず（B111項），当期の収益または費用として計上します。

　これに対して，基礎となる項目の公正価値に対する企業の持分金額の変動は，契約上のサービス・マージンを修正します（B112項）。また，基礎となる項目に対するリターンに基づいて変動しない履行キャッシュ・フローの変動のうち，将来のサービスに関連するものについても，契約上のサービス・マージンを修正します（B113項）。

　変動手数料アプローチにおいて，金融変数（IFRS第17号付録A）の仮定の変動を含む将来サービスの変動から生じる将来キャッシュ・フローの変動は，すべて契約上のサービス・マージンで調整を行うこととなるため，金融変数の前提条件の変動を含む点がビルディング・ブロック・アプローチと異なっています。

（3）保険料配分アプローチ

　保険料配分アプローチは，残存カバーに係る保険負債の測定について，ビルディング・ブロック・アプローチを簡便化した測定方法であり，保険期間が1年以内である等の一定の要件を満たす場合に適用が可能です（第53項）。

　保険料配分アプローチにおける残存カバーに係る保険負債の測定方法は，受け取った保険料を負債に計上し，時の経過に基づき配分される保険収益を計上するとともに，保険負債を取り崩すことにより測定されます（第55項）。日本の保険会計における未経過保険料の測定と類似したものになっています。

　なお，発生保険金に係る負債については原則的にビルディング・ブロック・アプローチと同様に測定する必要があります。

（4）再保険契約

　IFRS第17号では，発行する再保険契約（すなわち，受再保険契約）および保有する再保険契約（すなわち，出再保険契約）を適用範囲に含めています（第3項）。

　発行する再保険契約については，元受保険契約と同様に会計処理されます。

　保有する再保険契約については，測定において原則として元受保険契約と同様の要求事項が適用されますが，履行義務を引き受けるのではなく移転しているという事実を反映させるために，一部の要求事項が修正されています（第60項）。

　また，再保険契約により，元受保険契約の保険リスクは移転することになりますが，元受保険契約が契約者に保険金等を支払う義務は消滅しません。そのため，保有する再保険契約は元受保険契約とは別個に会計処理を行う必要があります（BC298項）。

　保有する再保険契約について，一般的には負債ではなく資産に計上することになります。

Q4-7　保険収益の分析の開示（第106項）例からみた保険収益の内訳

IFRS第17号における保険収益の表示・開示について教えてください。

Answer Point 👆

- IFRS第17号における保険収益は，当期首に見込んでいた当期の保険サービス費用，非金融リスクに係るリスク調整，契約上のサービス・マージン，保険獲得キャッシュ・フローに関連する金額で構成されます。
- 収受した保険料の金額で保険料収入を計上する日本基準上の収益認識と異なり，IFRS第17号における保険収益が，残存カバーに係る負債の減少額として認識されるため，保険契約負債の計算が重要となります。

解説

　IFRS第17号では，保険サービス損益（保険収益と保険サービス費用で構成される）と保険金融収益または費用は区分して表示する必要があり（第80項），発行している保険契約からの費用または収益と保有している再保険契約からの収益または費用を区分して表示することが求められています（第82項）。

　企業は，保険契約に基づきサービスを保険契約者に対して提供しますが，保険収益は，当該サービスの提供と交換に企業が権利を得ると見込まれる対価を反映した金額として描写されます（第83項）。

　企業が権利を得ると見込まれる対価は，サービスの提供に関連する金額である保険サービス費用，非金融リスクに係るリスク調整，契約上のサービス・

マージンと保険獲得キャッシュ・フローに関連する金額等の合計です（B121項）。

保険サービス費用および非金融リスクに係るリスク調整は，いずれも残存カバーに係る負債の損失要素に配分した金額を除くものとされています。

また，契約上のサービス・マージンは，各期間に提供された保険契約サービスを反映するために，契約に基づいて提供される給付の量とカバーの予想存続期間を考慮して決定されたカバー単位をもとに，各期間の純損益に認識されます（B119項）。

保険料のうち保険獲得キャッシュ・フローの回収に関連する部分は，時間の経過に基づいて規則的な方法で各期間に配分し，保険収益に含められ，企業は同じ金額を保険サービス費用として認識します（B125項）。

保険料配分アプローチにおける保険収益は，予想される受取保険料のうち，当期に配分された額で表されます。

図表4-7　第106項で要求される保険収益の分析の開示例

	FY20X2	条文
残存カバーに係る負債の変動に関するもの	×××	第106項(a)
当期中に発生した保険サービス費用*1	××	第106項(a)(i)
非金融リスクに係るリスク調整の変動	××	第106項(a)(ii)
契約上のサービス・マージンの配分額	××	第106項(a)(iii)
その他の金額	××	第106項(a)(iv)
保険獲得キャッシュ・フローの配分*2	×××	第106項(b)
保険収益合計	×××	

*1　期首に見込んでいた金額で測定する。ただし，以下を除く（B124項）。
　　① 損失要素に配分した額
　　② 投資要素の返済
　　③ 第三者に代わって回収した取引ベースの税金（事業税）
　　④ 保険獲得費用
　　⑤ 非金融リスクに係るリスク調整に関する額
*2　同額を保険サービス費用に計上

Q4-8　開　示

IFRS第17号の開示について教えてください。

Answer Point ☝

- IFRS第17号に含まれる保険契約が，財政状態計算書，財務業績の計算書およびキャッシュ・フロー計算書に与える影響について，財務諸表利用者が評価するための基礎となる情報を提供するため，定性的情報および定量的情報の開示が要求されています（第93項）。
- 開示目的を満たすために必要な開示の詳細さなどを検討する必要があり（第94項），有用な情報が明瞭に開示されるよう，情報を集約または分解することに留意する必要があります（第95項）。
- 情報を分解する単位として次のような単位が考えられます（第96項）
  ―― 契約の種類（たとえば，主要な商品ライン）
  ―― 地理的領域（たとえば，国または地域）
  ―― 報告セグメント（IFRS第8号「事業セグメント」で定義）

解　説

　企業が開示することが要求される定性的情報および定量的情報には以下のようなものが含まれます。なお，太字およびNewと表記している項目についてはIFRS第17号で新たに要求された開示項目です。

(a)　保険契約について財務諸表に認識した金額
  - **保険契約負債および再保険契約資産の期首残高から期末残高への性質別の調整表**（第100項，第103項）　New

- 保険契約負債および再保険契約資産の期首残高から期末残高への調整表（第101項，第104項，第105項） New
- 保険獲得キャッシュ・フローに係る資産の期首残高から期末残高への調整表（第105A項，第105B項） New
- 保険収益の内訳（第106項） New
- 新規に発行された契約に関する開示（第107項，第108項） New
- 契約上のサービス・マージンの認識時点（第109項） New
- 保険獲得キャッシュ・フローに係る資産の認識の中止時点（第109A項） New
- 保険の金融収益または費用の説明（第110項） New

(b) 重要な判断およびこれらの判断についての変更
- 使用したインプット，仮定および見積技法に係る開示（第117項）
- 保険金融収益・費用の表示方法の選択に係る開示（第118項） New
- リスク調整の信頼水準に係る開示（第119項） New
- イールド・カーブに係る開示（第120項） New

(c) 保険契約から生じるリスクの性質および程度
  a．リスク管理に関する開示（第124項）
  b．リスクの定量的情報（第125項）
    —— リスクの集中（第127項）
    —— 保険リスクおよび市場リスク（感応度分析）（第128項，第129項）
    —— 保険リスク（クレーム・ディベロップメント）（第130項）
    —— 信用リスク（第131項）
    —— 流動性リスク（第132項）
  c．規制上の枠組みの影響に関する情報（第126項） New

(d) その他の開示
  a．変動手数料アプローチに関する開示（第111項～第113項） New
  b．保険料配分アプローチに関する開示（第97項） New
  c．経過措置の金額（第114項～第116項） New

第5章

財務諸表の分析

本章では，会計基準等に基づいて作成された財務諸表を利用する視点，すなわち分析の仕組みや方法について説明します。保険会社の財務諸表の分析に関しては保険業特有の見方が伝統的に存在し，これについて解説します。また，最近の重要指標の１つであるEV（エンベディッド・バリュー）についても説明します。

1 生命保険会社

Q5-1 生命保険会社の利源分析

生命保険会社の利源分析はどのようになっているのでしょうか。

Answer Point 👆

- 利源分析とは，生命保険契約から生じた損益を利源別（費差損益，利差損益，死差損益等）に分析することです。
- 利源分析を実施する目的としては，保険料計算基礎率の妥当性の検証，契約者配当の公平性の確認等があります。
- 利源分析は決算状況表の一部として金融庁へ提出することが求められています。

（1）利源分析とは

保険料の決定に影響を与える要素には，入院・死亡などの発生率，保険会社の資産運用利回り，保険会社の運営にかかる費用などがあります。生命保険は，通常，数年から数十年に及ぶ長期の契約であるため，保険を販売する時点で，これらの将来の状態を知ることはできません。したがって，保険料は，これらの要素に対する保険会社の長期的な見込みに基づいて決定されます。この見込みを保険料計算に適用したものは計算基礎率と呼ばれ，代表的なものに予定死亡率（予定発生率），予定利率，予定事業費率があります。

保険料に織り込んだ見込みと，事後的に判明する実績には当然ながら差があり，この差が保険会社の損益の源泉となります。利源分析とは，発生した損益を要素別に分析することをいいます。また，それぞれの要素を利源といい，特

に下記の3要素を三利源といいます。

費差損益	予定事業費（予定事業費率に基づく事業費）と実際の事業費との差
利差損益	予定利息（予定利率による責任準備金に対する利息）と実際の資産運用収益（キャピタルゲインを除く）との差
死差損益 （危険差損益）	予定死亡率（予定発生率）に基づく保険金と実際の保険金との差

　利源分析を実施する目的は，利源ごとに収益を把握することで，保険料計算基礎率の妥当性の検証，契約者配当の公平性の確認，その他の経営判断に活用することにあります。

　利源分析の手法は幅広く考えられますが，会社にかかわらず共通に実施するものとして，決算状況表における利源分析があります。そのため，単に利源分析という場合には，この決算状況表における利源分析を指していることがあります。

（2）決算状況表における利源分析

　毎年の決算において，生命保険会社は決算状況表と呼ばれる一式の資料を金融庁に提出することを求められます。この決算状況表の一部として利源分析があります。決算状況表における利源分析は仕様が定まっており，その概要は以下のとおりです。

- 損益を把握する区分として，三利源を含む6つの区分の設定
- 損益計算書の勘定科目（一部を除く）の各区分への分解
- 勘定科目にない予定利息，予定事業費等の2つの区分への両建て計上（図表5-1参照）

　予定利息や予定事業費は両建て計上されるため，全体の損益を変えないまま，保険料や責任準備金繰入額に仕切りを入れる役割をもちます。これによって，全体の損益を各利源に分解した上で，予定と実績との差異として把握することが可能になります。

図表5-1 利源分析（三利源）の概略図

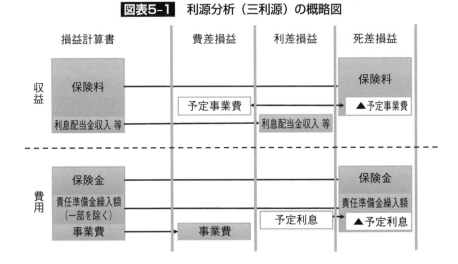

（3）内部管理における利源分析

　前述のとおり，決算状況表の利源分析は計算の仕様が定められています。これは決算状況表が当局による監督を目的としたものであるため，会社間の比較可能性や過去期間との比較可能性を重視したためと考えられます。

　一方で，画一的な仕様であるために，商品の特性を反映することが難しいと考えられる点もあります。特に近年の生命保険商品の多様化によって登場するようになった前述の計算基礎率以外の構成要素が利源分析に与える影響について留意する必要があります。

　たとえば，保険料計算に予定解約率を用いる商品の場合，解約契約の保険料積立金の一部を，残存契約の保険金の支払財源に充てる仕組みとなっています。しかし，死差損益の計算にはこの仕組みが反映されていないため，予定どおりの実績死亡率であっても死差損となる可能性があります。別の例として，外貨建商品では，一般的に予定事業費も外貨建てですが，実際の事業費の一部は円建てであるため，為替の変動が費差損益に影響を与えます。このように，単純に予定と実績との差異とはいえない複合的な要因によって損益が変動する場合があることに留意する必要があります。

　以上のことから，保険会社が決算状況表の利源分析を経営判断等の内部管理で活用する場合には，会社の実態をより正確に把握できるように，商品の特性に応じて適切な調整を加えることが行われています。

　このほかに経営判断に用いるための利源分析としては，商品種類別，販売チャネル別，契約区分別といった詳細な単位で分析を行うことや，EV（Q 5-2参照）や経済価値ベースの利益の要因分析を併用することなどが考えられ，保険会社は分析の目的に応じて手法を選択し実施しています。

Q5-2 EV（エンベディッド・バリュー）

EV（エンベディッド・バリュー）とはどのようなものでしょうか。

Answer Point

- EVは，生命保険会社の企業価値を評価する指標であり，法定会計に基づく決算情報を補完するものと位置づけることができます。
- EVは，修正純資産と保有契約価値を合計した額です。
- 国内生命保険会社によるEVの開示内容は，ある程度共通なものとなっています。
- EVの発展には歴史があり，2016年にもMCEV原則の見直しが行われています。

解 説

（1）EVの概念

生命保険契約は，契約期間の初期に募集手数料等の費用等が発生しますが，契約が継続することにより得られる収益により，その費用を回収する収支構造となっているのが一般的です。したがって，生命保険会社が新規の保険契約を多く獲得した場合，当該費用の増加により単年度の剰余が減少することになります。法定会計では，このような収支構造を単年度の損益として認識するため，法定会計に基づく決算情報だけでは生命保険会社の企業価値や業績を正しく評価することができません。

このような状況のなか，保有する保険契約の将来利益の現在価値（保有契約価値）と純資産等を合算することにより定義されるEV（Embedded Value，エンベディッド・バリュー）が，生命保険会社の企業価値を評価する指標として

生まれました。

　EVは，損益計算書等の法定会計に基づく決算情報を補完するものとして欧州を中心に発展しましたが，日本においても2000年代より開示が始まり，現在では，上場生命保険会社や損保系生命保険会社を中心に，決算情報とともに公表されています。

(2) EVの定義

　EVとは，「修正純資産」と「保有契約価値」を合計したものです。

　「修正純資産」は，企業の純資産価値を表したものであり，「貸借対照表の純資産の部の金額」に「負債中の内部留保（危険準備金，価格変動準備金等）」，「時価評価されていない資産・負債の含み損益」等を加えた金額です。

　「保有契約価値」は，保有契約からもたらされる将来利益の現在価値を表したものです。具体的には，死亡率，解約・失効率，運用利回り等の前提条件に基づき保有契約から今後発生すると見込まれる将来の利益を計算日時点で現在価値として評価したものです。

　また，EVに将来獲得が期待される新契約価値を加算したものがAV

図表5-2　EVの内訳

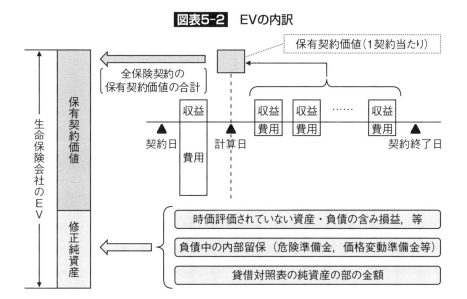

（Appraisal Value，アプレイザル・バリュー）と呼ばれます。AVは，主観的要素が大きいため公表されることはありませんが，EVを公表する際，通常，1年分の実績新契約の価値を「新契約価値」としてあわせて公表されています。

（3）国内生命保険会社における主な開示内容

① 修正純資産，保有契約価値，新契約価値

EVを構成する「修正純資産」，「保有契約価値」の内訳，および「新契約価値」の内訳が開示されています。

② 前年度からの変動要因

当年度新契約価値の増加，期待収益の増加（割引率分，超過収益分），前提条件と実績の差異，前提条件の変更による差異，等が挙げられます。

③ 感応度分析（センシティビティ）

金利，株価，事業費率，解約・失効率，死亡率等の前提を変化させた場合（たとえば，金利○％変動）におけるEVの変動額が開示されています。

④ その他

計算方法，前提条件，および第三者意見等が開示されています。

（4）欧州におけるEV発展の歴史

EVは，1990年代にTEV（Traditional Embedded Value，伝統的エンベディッド・バリュー）が欧州等を中心に広がりましたが，計算手法が多様であること，ディスクローズが不十分であること等の理由から，アナリストや投資家から会社間の比較が困難との批判を受けました。

そこで，欧州の主要保険会社のCFO（最高財務責任者）から構成されるCFOフォーラムが，EVの開示内容について整合性および透明性の改善を図る目的で，EEV（European Embedded Value，ヨーロピアン・エンベディッド・バリュー）原則を2004年5月に公表しました。欧州の大手生命保険会社を中心としてEEVの開示が広く行われるようになりました。また，市場整合的な評

価手法の導入も進みました。市場整合的とは，資産・負債のキャッシュ・フローを市場で取引されている金融商品と整合的に評価しようとするものであり，近年では欧州を中心に多くの保険会社で採用されています。

　しかし，EEV原則では，多様な計算手法が許容されており依然として一貫性に欠ける等の課題が残っていました。このような状況のなか，CFOフォーラムは，EVの計算手法を市場整合的手法に統一し，開示内容も国際的に統一することを目的に，MCEV（Market Consistent Embedded Value，市場整合的エンベディッド・バリュー）原則を2008年6月に公表しました。

(5) 欧州におけるソルベンシーⅡ導入の影響

　EUでは，2016年1月から新たな保険監督規制であるソルベンシーⅡが導入されました。これを踏まえて，CFOフォーラムは，ソルベンシーⅡと同様の計算手法および計算前提を許容するMCEV原則およびEEV原則の改訂を2016年5月に行いました。

　また，ソルベンシーⅡの開示がEVの開示と類似していることから，ソルベンシーⅡの導入とともにEVの開示を止める欧州の保険会社も現れています。

Q5-3 生命保険会社の実質純資産額

生命保険会社の実質純資産額はどのようなものですか。

Answer Point

- 実質純資産額とは，時価ベースの資産の合計から，資本性の高い負債（危険準備金，価格変動準備金等）を除いた負債の合計を差し引いたものです。

- 実質純資産額は，自己資本の評価をより時価評価に近づけたものと位置づけることができ，この数値がマイナスとなった場合は，実質的な債務超過と判断され，監督当局による業務停止命令等の対象となることがあります。

解 説

（1）実質純資産額の定義

　実質純資産額とは，実質資産負債差額とも呼ばれ，「①時価評価した資産」から「②資本性の高い項目を除いた負債」を差し引いて算出されます。具体的には，「保険業法第132条第2項に規定する区分等を定める命令」（平成12年6月29日総理府令・大蔵省令第45号）の第3条第2項および「貸借対照表の負債の部に計上されるべき金額の合計額を基準として計算した金額を定める件」（平成11年1月13日金融監督庁・大蔵省告示第2号）に規定されています。

①　時価評価した資産

　時価評価した資産とは，貸借対照表の資産の部に計上されるべき金額の合計額であり，図表5-3により評価されたものから，その他有価証券評価差額金等に係る繰延税金資産に相当する額を控除したものです。

　満期保有目的債券や責任準備金対応債券の評価益（損）については，ソルベンシー・マージン比率の計算に算入されませんが，ここでは時価評価されることになります（すなわち，実質純資産額に反映されます）。

図表5-3　資産の時価評価の方法

資　　産	評価方法
有価証券	算出日の公表されている最終価格に基づき算出した価額
有形固定資産（動産・不動産等）	算出日の適正な評価価格に基づき算出した価額
その他の資産で帳簿価額が算出日において評価した価額と著しく異なるもの	当該評価した価額

（出所：平成12年総理府令・大蔵省令第45号を基に作成）

②　資本性の高い項目を除いた負債

　資本性の高い項目を除いた負債とは，負債の部に計上されるべき金額の合計額から価格変動準備金，危険準備金，異常危険準備金，全期チルメル式責任準備金相当額超過額，配当準備金未割当額，その他有価証券評価差額金等に係る繰延税金負債等を控除したものです。

　劣後債については，ソルベンシー・マージン比率の計算に算入されますが，ここでは負債の部に計上されるべき金額の合計額から控除されないため負債と認識されます（すなわち，実質純資産額の計算上は，負債として資産の評価額から差し引かれます）。

（2）監督当局による命令

　Q4-1の解説に早期是正措置の内容および発動基準が掲載されています（図表4-1）。そこでは，ソルベンシー・マージン比率の水準により早期是正措置の区分（第1区分〜第3区分）が設定されています。他方，保険会社に対する早期是正措置の発動基準には，もう1つ実質純資産額による債務超過判定基準も存在し，その内容は以下のとおりとなっています。

　①　ソルベンシー・マージン比率が0％未満（すなわち，第3区分）であっても，実質純資産額が正の値となる場合には，第2区分の措置がとられる

ことがあります。

② ソルベンシー・マージン比率が0％を上回っていても（すなわち，第3
区分以外），実質純資産額が負の値となる場合には，第3区分の命令がと
られることがあります。

ただし，上記②の場合，実質純資産額から，満期保有目的債券および責任準
備金対応債券の時価評価額と帳簿価額の差額を差し引いた額が正の値となり，
かつ，流動性資産が確保されている場合には，原則として第3区分の命令は発
出されないこととなっています（監督指針Ⅱ-2-2-6）。

(3) 実質純資産額の開示

(2)で述べたように，実質純資産額がマイナスになると実質的な債務超過
と判断され，監督官庁による業務停止命令の対象となることがあります。実質
純資産額は，保険会社の健全性の状況を示す行政監督上の指標の1つといえま
す。

一方，実質純資産額は，自己資本の評価をより時価評価に近づけたものと位
置づけることができます。多数の生命保険会社がこれを開示していますが，当
該数値は会社規模に比例するため，会社間の単純な比較は困難となっていま
す。また，小規模の生命保険会社においては実質純資産額を開示していない会
社が多いようです。

Q5-4　生命保険会社の保有契約高と年換算保険料

生命保険会社の保有契約高，年換算保険料の指標の内容および開示理由を教えてください。

··Answer Point 👆 ·······················

- 各生命保険会社の業績等を分析するにあたり，損益計算書の保険料等，財務諸表の数値のみでは不十分な場合があるため，それを補完する材料として保有契約高や年換算保険料等の指標があります。
- 生命保険会社の業績等の分析は，各指標を組み合わせて行うことが有用です。

解　説

（1）保有契約高とは

保有契約高とは，生命保険会社が引き受けた保険契約に関し，請け負っている保険責任（保障額）の合計金額をいいます。保険区分ごとの保有契約高の金額は図表5-4-1になります。

図表5-4-1　保険区分ごとの保有契約高の金額

区　分	保有契約高の金額
個人保険，団体保険	死亡時の支払金額等の総合計額
個人年金保険（年金支払開始前の契約）	年金支払開始時における年金原資の額
個人年金保険（年金支払開始後の契約）	責任準備金の額
団体年金保険	責任準備金の額

また，損益計算書の保険料と保有契約高の関係例は図表5-4-2のとおりです。

図表5-4-2 損益計算書の保険料と保有契約高の関係

	保有契約高（600）	保有契約高（12,000）
保険料（一括払）	【A】60	【B】1,200
保険料（月払）		【C】60（毎月5）

上記の【A】と【C】では損益計算書の保険料計上額は60で等しくなりますが，保険会社が請け負っている保険責任（保有契約高）は，【A】では600，【C】では12,000と異なります。また，【B】と【C】を比較すると請け負っている保険責任（保有契約高）は12,000で等しいですが，損益計算書の保険料計上額は【B】では1,200，【C】では60と異なります。

これは，損益計算書の保険料が原則として現金主義，すなわち契約者から払い込まれた保険料金額により計上されているためです。生命保険会社の業績等を確認する上で，上記の保有契約高の指標を用いることにより，異なった側面からの分析が可能になります。

（2）年換算保険料とは

年換算保険料とは，保険契約者の保険料の支払方法を契約期間中に平均して支払うことに修正した場合に生命保険会社が1年間で得る保険料収入金額をいいます。

保険料の支払方法には毎月支払う月払いのほかに，年払い，一括払いなどがあります。また，月払い等でも契約期間の全期間にわたって支払う場合や，一定期間で支払が終了する場合等，さまざまな支払方法があります。この支払方法を修正したものが年換算保険料です。たとえば，保険期間10年，保険料が100万円の一時払い保険の場合は，損益計算書上の保険料収入計上額は収入金額である100万円となりますが，年換算保険料は保険料の収入金額を各期間に配分した場合の10万円（100万円÷10年間）となります。

以前は死亡保障が中心の商品構成となっていましたが，現在は販売商品が多様化し，特に第三分野（医療・がん・介護保険）や個人年金といった，被保険

者が生存中のリスクに対して保障する商品が増加しています。これらの商品は死亡保障金額が小さく，保険料や保有契約高だけでは生命保険会社の業績等を判断することができない場合も考えられることから，その補完材料として年換算保険料の指標が開示されています。

(3) 各生命保険会社の指標の状況

　上記の指標は，財務諸表注記にではなく各社のディスクロージャー資料で開示されています。各生命保険会社の2018年3月期における指標の状況は図表5-4-3のとおりです。

図表5-4-3　2018年3月期の各生命保険会社の指標の状況

（単位：億円）

	日本生命	第一生命	明治安田生命	住友生命
【損益計算書上の保険料】	44,876	23,211	27,188	25,051
【保有契約高】				
個人保険	1,381,477	1,024,467	645,576	717,512
個人年金保険	235,809	113,667	139,696	156,215
団体保険	955,119	473,882	1,139,442	318,890
団体年金保険	128,541	61,757	76,072	26,248
【年換算保険料】				
個人保険	26,861	16,130	15,818	15,342
個人年金保険	9,795	5,327	6,693	7,956
合計	36,657	21,458	22,511	23,299
うち医療保障・生前給付保障等	6,279	6,479	4,020	5,467

（単位：千件）

	日本生命	第一生命	明治安田生命	住友生命
【保有件数】				
個人保険	26,194	11,768	9,482	8,488
個人年金保険	3,886	1,978	2,613	3,290

（出所：「日本生命の現状2018」，「第一生命アニュアルレポート2018」，「明治安田生命の現況2018」，「住友生命 2018年度ディスクロージャー誌」）

　生命保険会社等が開示するディスクロージャー資料では，主要な業務の状況を示す指標として，上記の保有契約高，年換算保険料および保有件数以外に，新契約高や各保険区分の異動状況の推移等の指標が開示されています。また，保有契約高については上記の保険区分以外にも，商品別や保障機能別等，さまざまな視点から算出した指標が開示されています。

　生命保険会社の業績等の分析を行う上では，各社の経営基本方針や，経営計画を踏まえた上で，各種の経営指標等を確認することが有用です。

Q5-5　生命保険会社の基礎利益

生命保険会社の基礎利益について教えてください。

Answer Point

- 基礎利益の内容を説明するものとして利源分析が用いられます。利源分析は，主に三利源として利差損益，危険差損益，費差損益に区別されます。
- 一般事業会社の収益力を表す経常利益とは異なり，安定的な収益力を表すのが基礎利益です。

解　説

（1）基礎利益の内容

　基礎利益とは，明確な定義はありませんが，一般的には生命保険会社のフロー収支を表す指標や本来のもうけを表す指標として説明されます。具体的には，保険料収入や利息配当金収入等から構成される基礎収益から，保険金や責任準備金繰入額，事業費等から構成される基礎費用を控除したものといえます。このように基礎利益は，生命保険会社の安定的な収益力を表すため，算出にあたっては有価証券売却損益といったキャピタル損益や臨時損益は除かれます。

　基礎利益の内容を説明するために利源分析が用いられます。利源分析においては，主に三利源として利差損益，危険差損益，費差損益に区別されます。基礎利益の説明に三利源が用いられるのは，生命保険会社の販売する保険商品の保険料は，一般的には，予定死亡率，予定利率，予定事業費率という3つの予定率に基づいて計算されており，それぞれの予定率と実際の結果を比較することで損益構造を把握することが容易になるからです。

　利差損益は，保険契約に係る予定利率と実際の運用利回りとの差を表しています。通常，実際の運用利回りが予定利率を上回った場合は利差益が発生し，予定利率を下回った場合は利差損（いわゆる逆ザヤ）が発生します。

　危険差損益とは，保険契約に係る予定死亡率と実際の死亡率との差を表しています。通常，予定死亡率が実際の死亡率を上回っている場合が多いため危険差益が発生します。

　費差損益とは，保険契約の募集や管理に係る予定事業費率と実際の事業費率との差を表しています。実際の事業費が，予定されていた事業費より少なかった場合には費差益が発生します。

　生命保険会社の損益計算書には，一般事業会社にある営業利益の項目は設けられていません。また，生命保険業においては銀行業における業務純益といった概念もありません。そのため，それらに近い指標として基礎利益が2001年3月期の決算から導入されるようになりました。

　なお，基礎利益がマイナスになる要因としては，創業間もないため保有契約数の増加に伴い責任準備金の繰入れが多くなる場合，保険料収入に対して保険金の支払が多くなる場合，あるいは高い予定利率の年金契約の保有により実際の運用利回りが低いため利差損が多額に発生した場合等が考えられます。

(2) 基礎利益と経常利益の関係

　生命保険会社の損益計算書には，一般事業会社のように本業の収益力を表す営業利益といった項目がないため，基礎利益を算出するにあたっては経常利益から有価証券売却損益といったキャピタル損益や危険準備金繰入額といった臨時損益を控除する必要があります。これは，生命保険会社の安定的な収益力を算定するため，外部環境の変化に応じて裁量的に取引することが可能である有価証券売却損益等のキャピタル損益は，安定的な収益力に馴染まないため控除されていると考えられます。また，危険準備金等は，将来の保険金支払等を確実に行うために積み立てられる準備金であり，保有している保険契約の責任準備金に対して追加的に積み立てられる臨時損益としての要素が高いゆえに基礎利益の算出から控除されているものと考えられます。

（3）企業間比較

　大手生命保険会社の2018年３月期の基礎利益および基礎利益の内訳である三利源を見ると，いずれの保険会社もすべて黒字になっています。危険差損益は予定死亡率と実際の死亡率の差から発生しますが，保険会社が保険商品のプライシングに使用している予定死亡率は，実際に想定される死亡率よりも安全割増を見込んだ保守的な数値となっているため，危険差益は黒字となることが通常です。

　また，利差損益については，バブル崩壊後しばらくは高い予定利率に見合う運用利回りを確保できず利差損（いわゆる逆ザヤ）となる保険会社が続出しましたが，昨今は全体として予定利率が低下していることや，各社とも資産運用を多様化して利回りの向上に努めているため，利差益が生じる保険会社がほとんどとなっています。費差損益については，各保険会社とも予定事業費率の範囲内に収まるように事業費の運営に努めており，費差益となるケースが通常です。

図表5-5-1　2018年３月期の大手生命保険会社の基礎利益の内訳

（単位：億円）

会社名	基礎利益	危険差損益	利差損益	費差損益
日本生命	6,682	4,281	2,032	368
第一生命	4,290	2,790	1,367	133
明治安田生命	5,467	2,889	2,225	352
住友生命	3,525	－	－	－
かんぽ生命	3,861	－	－	－
アメリカンファミリー	2,753	2,090	570	92

※住友生命とかんぽ生命は基礎利益について三利源の内訳情報の開示なし
（出所：各社2018年３月期ディスクロージャー誌および決算説明資料）

　大手生命保険会社の2018年３月期の基礎利益と経常利益の関係を見ると，ほとんどすべての会社でキャピタル損益と臨時損益においてマイナス（費用）が発生し，経常利益が基礎利益よりも小さくなっています。キャピタル損益は，有価証券売却損益，有価証券評価損益，金融派生商品損益の合計ですが，こち

らの項目は株価や金利，為替等の金融市場の動向や売却額の多寡等により損益が年度によって振れることがあります。また，臨時損益は主に危険準備金繰入・戻入額や追加責任準備金繰入額が計上されますが，それらは戻入れではなく繰入れとなるケースが通常であるため，マイナスとなることがほとんどです。

図表5-5-2 2018年3月期の大手生命保険会社の経常利益の内訳

(単位：億円)

会社名	基礎利益	キャピタル損益	臨時損益	経常利益
日本生命	6,682	△269	△2,308	4,104
第一生命	4,290	190	△892	3,588
明治安田生命	5,467	△1,336	△446	3,683
住友生命	3,525	△463	△762	2,299
かんぽ生命	3,861	△191	△582	3,088
アメリカンファミリー	2,753	△109	△58	2,585

(出所：各社2018年3月期ディスロージャー誌および決算説明資料)

2　損害保険会社

Q5-6　損害保険会社の損害率とコンバインド・レシオ

損害保険会社の損害率やコンバインド・レシオはどのようになっ
ていますか。

..Answer Point ....

- 損害率とは，支払保険金と損害調査費の合計を収入保険料で割っ
  た比率のことです。
- コンバインド・レシオとは，損害率と事業費率の合計のことです。
- 損害保険会社の収益性を表す経営指標の1つとして多くの損害保
  険会社が公表しています。

解　説

（1）損害率

　損害率とは，損害保険会社が収入した保険料に対する支払った保険金等の割
合のことです。具体的には下記の算式で計算されます。

$$損害率 = \frac{支払保険金 + 損害調査費}{収入保険料}$$

　上式で支払保険金，収入保険料の代わりに発生保険金，既経過保険料を用い
る場合もあります。支払保険金および収入保険料を用いる場合をリトンベース
損害率，発生保険金および既経過保険料を用いる場合をアーンドベース損害率
といいます。

　損害調査費とは，保険会社が保険金の支払をするにあたって，対象となる保

険事故（損害）についての調査にかかった費用のことです。損害調査費は保険
契約に関する他の費用（集金費，営業費等）とは異なり，保険事故が発生したこ
とによる費用であるため，損害率算出上分子の一部として扱われています。

(2) コンバインド・レシオ

コンバインド・レシオとは，損害率と事業費率の合計です。ここで事業費率
とは，損害保険会社が収入した保険料に対する事業費の割合であり，下記の算
式で計算されます。

$$事業費率 = \frac{諸手数料および集金費 + 保険引受に関する営業費および一般管理費}{収入保険料}$$

損害率と事業費率の式を見ればわかるとおり，コンバインド・レシオは収入
保険料に対する保険関係の支出合計の割合となっています。したがってコンバ
インド・レシオが100%を下回っていれば保険に関する収支がプラスであると
いうことになります。コンバインド・レシオが低いほど損害保険会社の収益力
が高いといえます。

(3) 主要損害保険会社の2017年度実績

主要損害保険会社および損害保険協会に加盟している損害保険会社合計の
2017年度決算における損害率，事業費率およびコンバインド・レシオは図表
5-6のとおりとなります。

図表5-6　主要損害保険会社の2017年度決算における損害率等

会社名	損害率	事業費率	コンバインド・レシオ
東京海上日動	62.0%	30.7%	92.7%
三井住友海上	61.6%	31.3%	92.9%
あいおいニッセイ同和	59.2%	33.4%	92.6%
損害保険ジャパン日本興亜	64.4%	32.3%	96.7%
日本損害保険協会加盟会社合計	61.5%	32.6%	94.1%

※　東京海上日動および損害保険ジャパン日本興亜のコンバインド・レシオについては，損害率＋事業費率により算出。

※　損害率はリトンベース。

※　損害率および事業費率は自賠責・家計分野地震保険を含む。

（出所：「東京海上日動の現状2018」，「MS&AD統合レポート2018」，「損保ジャパン日本興亜の現状2018」，日本損害保険協会「平成29年度　損保決算概況について」）

【著者紹介】

有限責任監査法人トーマツ

　有限責任監査法人トーマツは，デロイト ネットワークのメンバーであり，デロイト トーマツ グループの主要法人として，監査・保証業務，リスクアドバイザリーを提供しています。日本で最大級の監査法人であり，国内約30の都市に約3,200名の公認会計士を含む約6,600名の専門家を擁し，大規模多国籍企業や主要な日本企業をクライアントとしています。詳細は当法人Webサイト（www.deloitte.com/jp）をご覧ください。

Q&A
業種別会計実務12・保険（第2版）

2013年 3 月30日　第 1 版第 1 刷発行	著　者　有限責任監査法人トーマツ
2016年12月 5 日　第 1 版第 6 刷発行	発行者　山　本　　　継
2020年10月 1 日　第 2 版第 1 刷発行	発行所　㈱中央経済社
	発売元　㈱中央経済グループ パブリッシング

〒101-0051　東京都千代田区神田神保町1-31-2
電話　03（3293）3371（編集代表）
03（3293）3381（営業代表）

©2020. For information, contact
Deloitte Touche Tohmatsu LLC.
Printed in Japan

http://www.chuokeizai.co.jp/
印刷／文唱堂印刷㈱
製本／誠　製　本　㈱